# WOHNWAGEN-Basar

Nathalie Zubic-Bulbulian

NÄHEN
und
STICKEN
wie die
fahrenden
Völker

*Übersetzung:* Marianne GLASSER
*Lektorat:* Gudrun HONKE
ISBN 978-3-7724-7240-4 – BEST.NR. 7240

| Auflage: | 5. | 4. | 3. | 2. | 1. | |
|---|---|---|---|---|---|---|
| Jahr: | 2018 | 2017 | 2016 | 2015 | 2014 | [Letzte Zahlen maßgebend] |

Am Kreuzungspunkt versschiedener Welten, die alle dem Reich der Fantasie entstammen, liegt das Universum des Wohnwagen-Basars.

Spuren der Vergangenheit haben sich hineingeschmuggelt, ebenso Anklänge an meine eigene Geschichte – daraus sind die folgenden Kreationen entstanden. Sie sind geschmückt mit Stickereien der Bohème in leuchtenden Farben, und sie sind komponiert aus neuen oder wiederverwendeten Materialien, darunter Seide, Baumwolle, Wolle, Spitze, Tüll …

Für alle diese Accessoires benutze ich den Begriff „nomadische Nähkunst", denn mit der von mir angewandten Methode, einzelne Teile nach Patchwork-Art zusammenzusetzen, können Sie Stück für Stück arbeiten und erst im letzten Moment fügen sie alles zusammen. Sie können sich also den Handarbeiten im Atelier widmen, zu Hause, aber auch in einem Zug, einem Wartezimmer oder auf all Ihren Fahrten und Reisen.

In diesem Buch finden Sie alte Techniken und Stickstiche, die ich mit den wundervollen Materialien unserer Zeit wieder zum Leben erweckt habe. Das hat mir großes Vergnügen bereitet,

Ich hoffe, dieses erste Buch aus dem Wohnwagen-Basar ist ein Vergnügen für Ihre Augen, eine angenehme Beschäftigung für Ihre Finger und eine Freude für Ihre Seele!

**Nathalie Zubic-Bulbulian**

# INHALT

# TECHNIKEN

## *Wie setzt man ein Schnittmuster nach Patchwork-Art zusammen?*

### AUSSCHNEIDEN DER SCHNITTMUSTER

**Für einfache Schnittmuster**

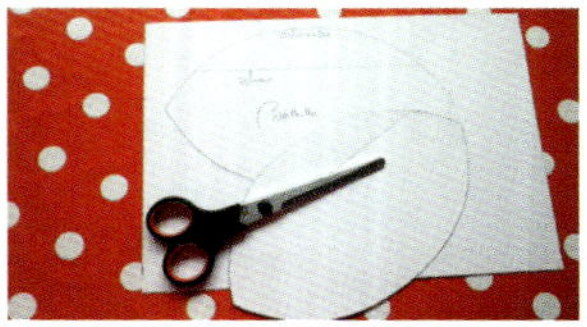

Die Schnittmuster auf ein Blatt Papier oder Zeichenkarton übertragen.
An den Linien entlang ausschneiden.

**Für nummerierte Schnittmuster**

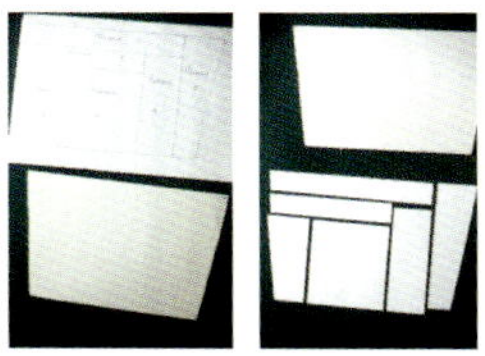

Auf ein Blatt Papier oder Zeichenkarton einmal das Schnittmuster im Ganzen übertragen (man braucht es für die Rückseite des Modells, aber auch zum Ausschneiden des Moltons und des Futters). Anschließend das Schnittmuster ein zweites Mal nach den nummerierten Teilen getrennt übertragen. Beide Schnittmuster an den Linien entlang ausschneiden.

Die verschiedenen Teile des Schnittmusters auf die Rückseite des entsprechenden Stoffs übertragen. Dann bei den inneren Linien des Modells mit ca. 1 cm Zugabe an den gezeichneten Linien entlang ausschneiden, bei den äußeren Linien mit ca. 3 cm Zugabe. Achtung, vor dem Ausschneiden des bestickten Teils darauf achten, dass sich die Stickerei genau in der Mitte befindet.

Mit farblich unterschiedlichem Nähgarn an allen Schnittkanten entlangnähen.
Wenn die verschiedenen Stoffe ausgeschnitten sind, setzt man sie in der auf dem Schnittmuster angegebenen Reihenfolge zusammen: zuerst 1 mit 2, dann 1 und 2 mit 3 und so weiter, bis das Modell komplett ist.

### ZUSAMMENNÄHEN DER STOFFSTÜCKE

Es gibt zwei Methoden:
1 Jedes Stoffstück, das angenäht werden soll, um den bestickten Teil herum am Rand (links/links) etwas einschlagen (ca. 1 cm).
Am farblich unterschiedlichen Nähfaden positionieren. Mit ein paar Nadeln feststecken und mit Geradstich, Blindstich oder jedem anderen dekorativen Stich festnähen.

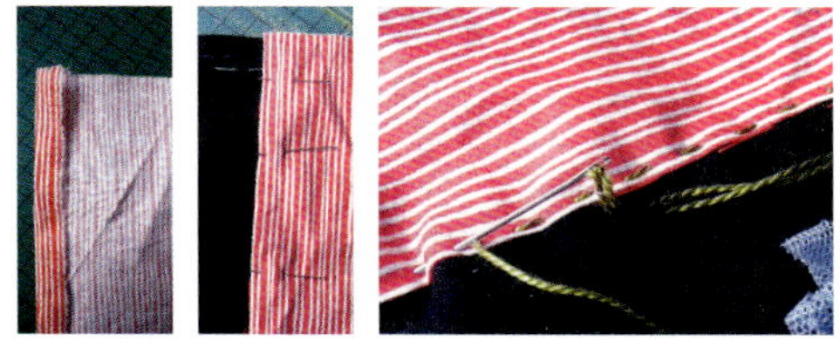

2 Die Teile, die zusammengenäht werden sollen, rechts auf rechts aufeinanderlegen und im Rückstich (oder mit der Nähmaschine) an der Linie entlang zusammennähen.

### AUFNÄHEN DES MOLTONS

Die Schnittmuster auf den Molton übertragen und an den Linien entlang ausschneiden. Bei nummerierten Schnittmustern verwendet man dasjenige wieder, das man im Ganzen auf ein Blatt Papier oder Zeichenkarton übertragen hat.

Jedes Stück Molton mit lösbarem Textilkleber bestreichen und auf der linken Seite des entsprechenden Stoffstücks anordnen.
Den überstehenden Stoff ca. 3 cm vom Rand des Moltons entfernt abschneiden, dabei die Form des Modells beachten.

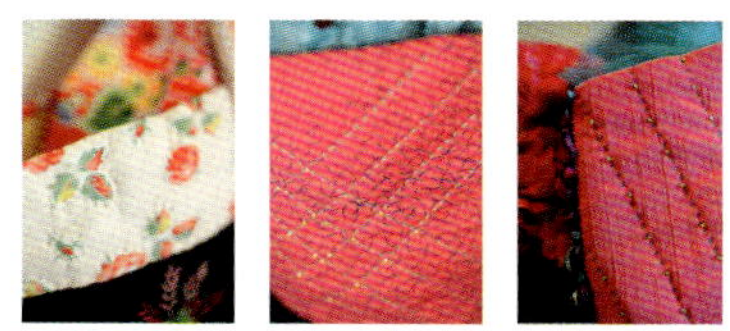

Die verschiedenen Teile quilten (steppen).

Den überstehenden Stoff auf die Moltonseite umschlagen und mit Heftstichen festnähen. Achtung, die Stiche dürfen auf der rechten Seite nicht zu sehen sein! Gekräuselte oder gefältelte Teile an der entsprechenden Stelle platzieren, bevor man sie annäht und das Futter einfügt.

### EINFÜGEN DES FUTTERS

Die Schnittmuster auf die linke Seite des Futters übertragen und ca. 0,5 cm vom Rand entfernt ausschneiden. Bei Modellen mit nummeriertem Schnittmuster verwendet man das Schnittmuster, das man im Ganzen auf ein Blatt Papier oder Zeichenkarton übertragen hat.

Das Futter auf der linken Seite des Stoffs / Moltons mittig auflegen und mit zwei Nadeln in der Mitte feststecken.

An den Rändern etwas einschlagen (links/links). Mit Nadeln feststecken.
Mit kleinen Blindstichen festnähen.

Nun brauchen Sie nur noch mit Langettenstich, Überwendlichstich oder Geradstich die verschiedenen Teile zusammennähen, dabei nähen Sie:

- links auf links bei sichtbaren Nähen
- rechts auf rechts bei unsichtbaren Nähten.

## *Was tun mit einem Seidenband?*

Man fasst das Ende des Seidenbands zwischen Daumen und Zeigefinger, führt das Band bis zum Ellenbogen und schneidet es ab. Das Band einige Zentimeter durch das Nadelöhr führen, dann weiter vorgehen wie auf den Fotos angegeben:

Das andere Ende des Bandes ca. 5 mm umschlagen und weiter vorgehen wie unten angegeben:

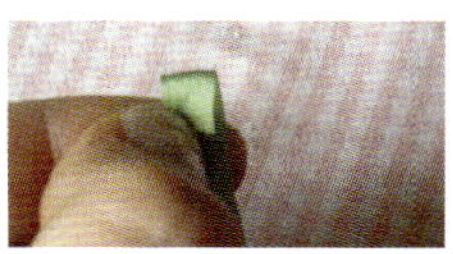
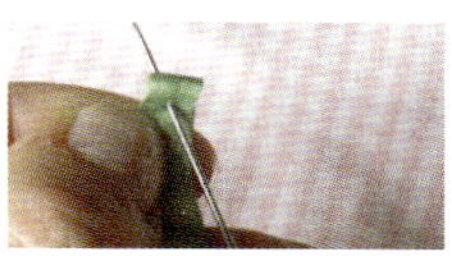

Sie haben ein Seidenband eingefädelt.
Man wählt die Länge hier kürzer als sonst, dadurch wird das Material nicht beschädigt, wenn es durch den Stoff hin und her läuft.
Im Allgemeinen wählt man die kürzere Länge bei allen Dekobändern und Effektgarnen.

## *Wie zeichnet man das Muster ab, wenn man mit der Kreide nicht gut malen kann?*

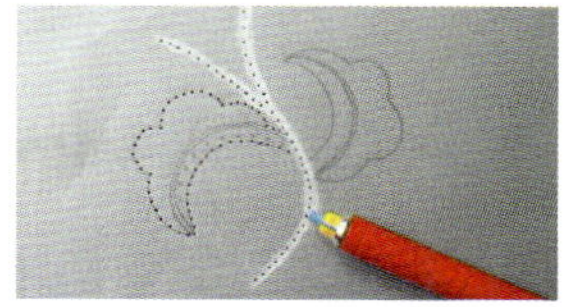

Man paust die groben Linien des Musters ab und perforiert mit einer dicken Nadel den Kreidestrich.

Dann legt man die Pause auf die rechte Stoffseite (in der gewünschten Richtung, rechts oder links) und fährt mit Schneiderkreide über alle perforierten Linien.

### ANTWORTEN AUF IHRE FRAGEN

*Stickt man vor oder nach dem Zusammennähen des Modells?*
Da der halbsteife Molton des Wohnwagen-Basars sehr leicht zu durchstechen ist, sind beide Methoden möglich.

*Wie überträgt man die Stickereimotive?*
Benutzen Sie Schneiderkreide in verschiedenen Stärken und Farben sowie einen Bleistift HB für die Motive, die später von der Stickerei vollständig überdeckt werden.
Es gibt auch Filzstifte, die mit Wasser auswaschbar sind oder an der Luft unsichtbar werden, aber ich persönlich mag sie nicht.
Zeichnen Sie das Modell nicht ganz auf, sondern skizzieren Sie nur „frei Hand" die groben Linien oder arbeiten Sie mit der oben beschriebenen Pausmethode, Sie zeichnen dann nach und nach alle Details.
So kann man kleine Fehler schnell ausbessern oder die Arbeit wieder ausgleichen.

*Warum beklebt man die Rückseite der Stoffe vor dem Besticken mit leichtem Leinen?*
Bei dieser Technik benötigt man keinen Stickrahmen, und sie ist sehr praktisch, wenn man Bänder und Fäden fixieren möchte, indem man sie einige Zentimeter zwischen dem Stoff und dem aufgeklebten Leinen laufen lässt. Benutzen Sie immer einen ablösbaren Kleber und niemals aufbügelbares Leinen.

*Der Quiltfaden kommt mir sehr dick vor …*
Mit Perlgarn Nr. 8 werden die Stiche besser sichtbar. Zudem ziehe ich gern etwas zu fest an meinem Faden, daher sehen alle meine Accessoires ein wenig verdrückt aus oder haben einen gewissen Vintage-Look, ich liebe es!

*Welchen Stoff kann ich benutzen?*
Meiner Meinung nach eignen sich alle Stoffe zum Besticken (mehr oder weniger gut). Sehr feine Stoffe sollten sie jedoch nur für Dekogegenstände nehmen. Und wenn Sie Ihre Handarbeiten unbedingt waschen müssen, verwenden verwenden Sie immer Produkte, die dem Abfärben der Wäsche entgegenwirken (Farbfangtücher).

**Die verschiedenen Stiche, die Anwendung finden, sind bei der Stickerei jeweils genau erklärt. Hier die Beschreibung der kompliziertesten Stiche:**

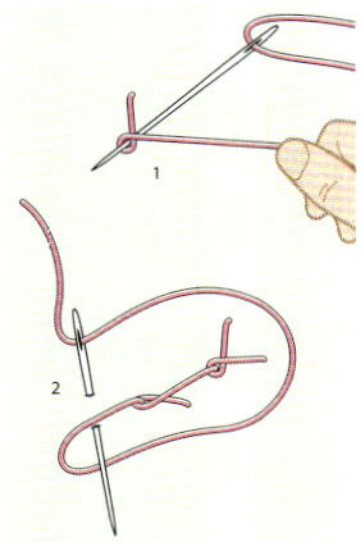

## GEDREHTER KETTENSTICH

In der traditionellen Stickkunst liegen die Stiche sehr eng beieinander.
Hier schlage ich vor, einen größeren Abstand zu lassen, um einen Effekt wie bei einem Stängel mit Dornen zu erhalten.

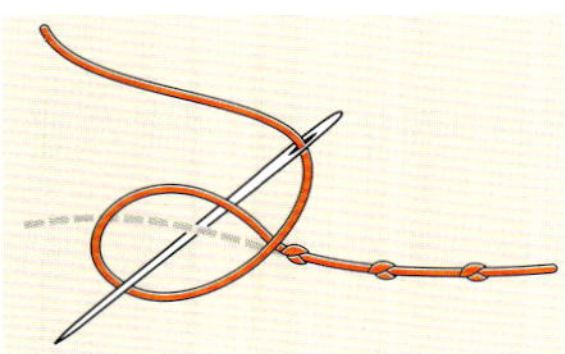

## KORALLENSTICH

Wird von rechts nach links gestickt. Beim Stickereimodell *Indianernesseln* wird dieser Stich beim Stängel von oben nach unten gestickt. Man arbeitet immer ca. nach einem Zentimeter einen Stich.

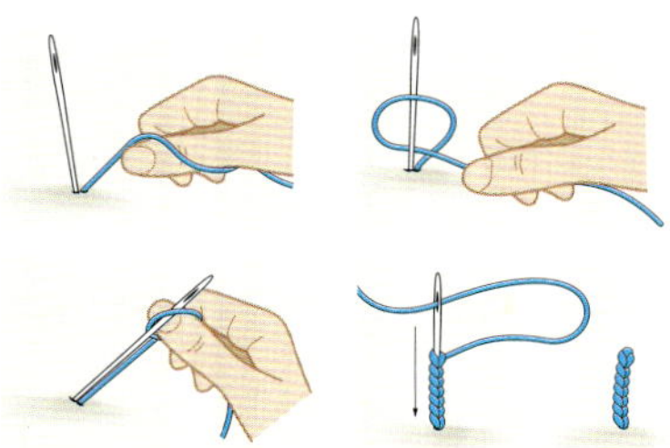

## MASCHENSTICH

Der Maschenstich, auch „Strickstich" genannt, entspricht dem Anschlagen der Maschen beim Stricken.
Für diesen Stich verwendet man eine Perlennadel.
Mit der Nadel auf der rechten Seite der Arbeit ausstechen, direkt daneben wieder nach hinten einstechen und den Faden aus der Nadel ziehen. Den Faden einmal um den linken Daumen legen, dann ein zweites Mal über Kreuz. Die erste Schlaufe über die Nadel legen und den Daumen herausziehen. So viele Maschen bilden wie gewünscht (beim Modell *Zwergiris* zwischen 10 und 13). Die Nadel wieder einfädeln und den Faden durchziehen, bis er verschwindet.

## DOPPELTER MASCHENSTICH

Die Nadel auf der rechten Seite der Arbeit herausziehen, einige Millimeter weiter unten wieder nach hinten einstechen und die Nadel (bis zum Öhr) rechts direkt neben dem Ausstich herausziehen. Auf der Spitze der Nadel die Maschen bilden wie in der Zeichnung angegeben, dabei zwischen den beiden Garnfarben abwechseln. Wenn die gewünschte Maschenzahl erreicht ist, die Maschen festhalten, indem man Nadel und Maschen zwischen Daumen und Zeigefinger hält; dann zieht man die Nadel durch alle Maschen hindurch zu sich heran, damit der Faden durch die Maschen läuft. Zum Schluss sticht man die Nadel direkt unterhalb der letzten Masche nach hinten ein, damit der Stich fest an den Stoff gepresst wird.

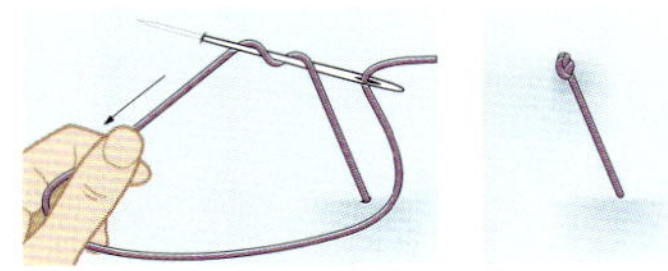

## STEMPELSTICH

Den Faden auf der rechten Seite der Arbeit ausstechen. Den Faden zwischen Daumen und Zeigefinger der linken Hand halten, zweimal gegen den Uhrzeigersinn um die Nadel wickeln. Faden gespannt halten und die Nadel am Ende des Stichs einstechen. Die Fadenschlaufen auf der Nadel in Richtung Stoff schieben. Die Nadel auf der anderen Stoffseite herausziehen, dabei den Faden gespannt halten. Den Faden festziehen, dabei den Daumen auf den Knoten halten.

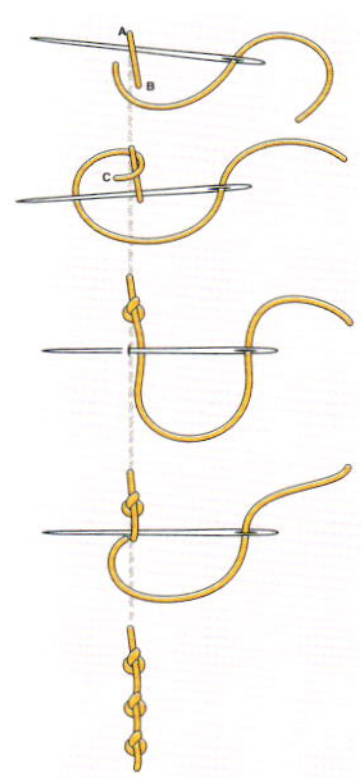

## PALÄSTRINASTICH

Dieser Stich wird von oben nach unten gestickt. Darauf achten, dass die Fadenspannung gleich bleibt und zwischen den Stichen genügend Platz gelassen wird.
Die Nadel herausziehen, senkrecht unterhalb des Ausstichs von rechts nach links einstechen. Die Nadel durchziehen. Um den vertikal gespannten Faden führen, dann ein zweites Mal, wobei der Faden unter der Nadel verläuft. Die Schlaufen festziehen. Für den zweiten Stich etwas weiter unten einstechen.

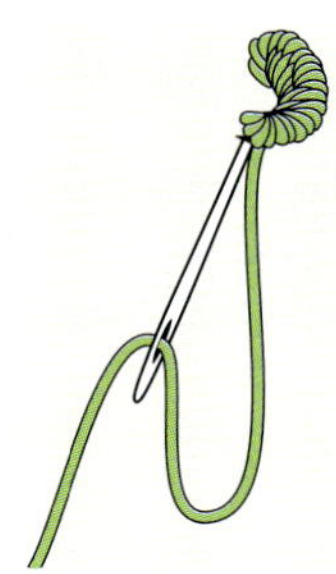

## FLORIASTICH

Wie beim doppelten Maschenstich vorgehen, dabei zwischen dem Ausstich und der bis zum Öhr eingesteckten Nadel praktisch keinen Platz lassen. Durch diesen Platzmangel „krümmt" sich der Stich.

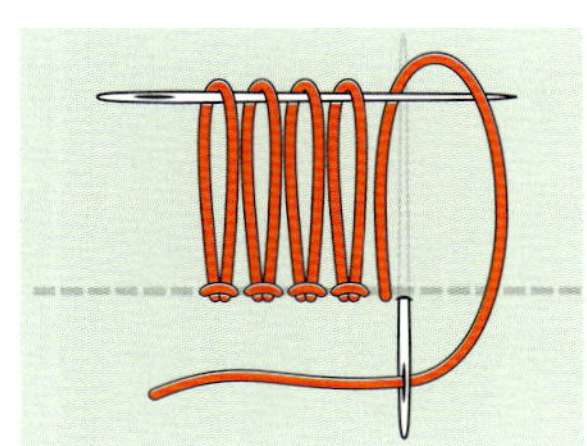

## TÜRKISCHER STICH

Die Nadel in der Zeichnung, die die Schlaufen hält, nicht beachten, sie zeigt nur deutlicher, wie dieser Stich zu fertigen ist. Es genügt, eine feste Schlaufe zu bilden, die mit einem kleinen Rückstich befestigt wird.

# MATERIAL

## TÄSCHCHEN

Stoff (bestickter Teil): 16 x 23 cm

Stoff (Vorderseite, rechter und linker Teil): 14 x 20 cm

Stoff (Vorderseite, unterer Teil): 9 x 21 cm

Stoff (Rückseite): 25 x 29 cm

Futter: 42 x 25 cm

Halbsteifer Molton: 42 x 25 cm

Pomponborte: 18 cm

## TRAGEBAND

Borte: 55 cm

Weiches Ziehband 15 mm: 1,50 m

Pomponwolle: 1 m

## STICKEREI

Voile oder Musselin: 5 x 5 cm

und Nähgarn in der gleichen Farbe

Perlgarn Nr. 8 in 5 oder 6 Farben

Perlgarn Nr. 5 in 1 oder 2 Farben

Moulinegarn in 1 Farbe oder Stickwolle „Laine Saint-Pierre“ in 1 Farbe

Flache Baumwollschnur in 1 Farbe

Dekoband 4 mm in 1 Farbe

Jersey-Voile: 5 x 10 cm

# Täschchen AGOP

## Stickerei Zwergiris

Mit Hilfe der Vorlage von Seite 10 das untere Blütenblatt der Iris auf die rechte Stoffseite aufzeichnen.
Mit Perlgarn Nr. 5 im **Langettenstich (Festonstich)** aufsticken.
Mit Perlgarn Nr. 8 in einer anderen Farbe jeweils einen **Spannstich** zwischen die Langettenstiche setzen. Anschließend am Ende jedes **Spannstichs** mit einer anderen Farbe einen **Knötchenstich** sticken (1 Durchlauf mit Perlgarn Nr. 5 oder 2 Durchläufe mit Perlgarn Nr. 8).
Aus dem Voile mit Hilfe des Schnittmusters einen Kreis ausschneiden. Zusammenfalten und in der Mitte mit Nähgarn in der gleichen Farbe kräuseln. Ca. 3 mm oberhalb des Blütenblatts mittig aufsetzen und mit ein paar Stichen festnähen.
Mit Perlgarn Nr. 5 im **Langettenstich** zwei kleinere Blütenblätter an jeder Seite des bereits gestickten Blütenblatts aufsticken.
In dem Zwischenraum zwischen dem Blütenblatt aus Voile und den 3 gestickten Blütenblättern mit Perlgarn Nr. 8 im **Maschenstich** 3 oder 4 Blütenstempel aufsticken.
Das 25 cm lange Dekoband in der Mitte falten und mit ein paar kleinen **Geradstichen** oder **Knötchenstichen** (1 oder zwei Durchläufe) mit Perlgarn Nr. 8 befestigen.
Mit Hilfe des Schnittmusters grob die Form des Blattes aus dem Jersey-Voile ausschneiden und platzieren, dabei an den äußeren Rändern 1- oder 2-mal falten. Mit Nadeln feststecken und mit ein paar kleinen Stichen mit Nähgarn in einer zum Jersey-Voile passenden Farbe festnähen.
Am unteren Teil des Blatts mehrere verschieden große **Spannstiche** sticken, dabei zwischen 2 Farben Perlgarn Nr. 8 abwechseln.
Mit der flachen Schnur den ganzen äußeren Rand des Blattes im **Bändchenstich** besticken.
Zum Schluss mit 1 Faden Stickwolle „Laine Saint-Pierre“ oder 2 Fäden Moulinegarn ähnlich wie auf dem Foto mehrere **Grätenstiche** in Verbindung mit 4 **Spannstichen** aufsticken.

## BLÜTENBLATT „ZWERGIRIS“ MIT LANGETTENSTICH

## FÄLTELUNG IN DER MITTE DES BLÜTENBLATTS „ZWERGIRIS“

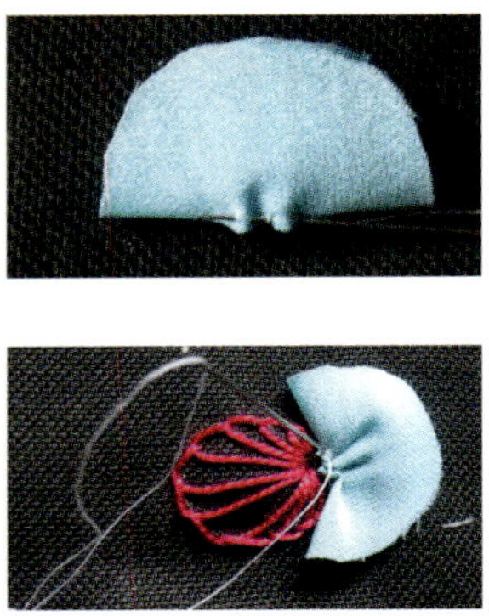

**Sticksticke 100 %**

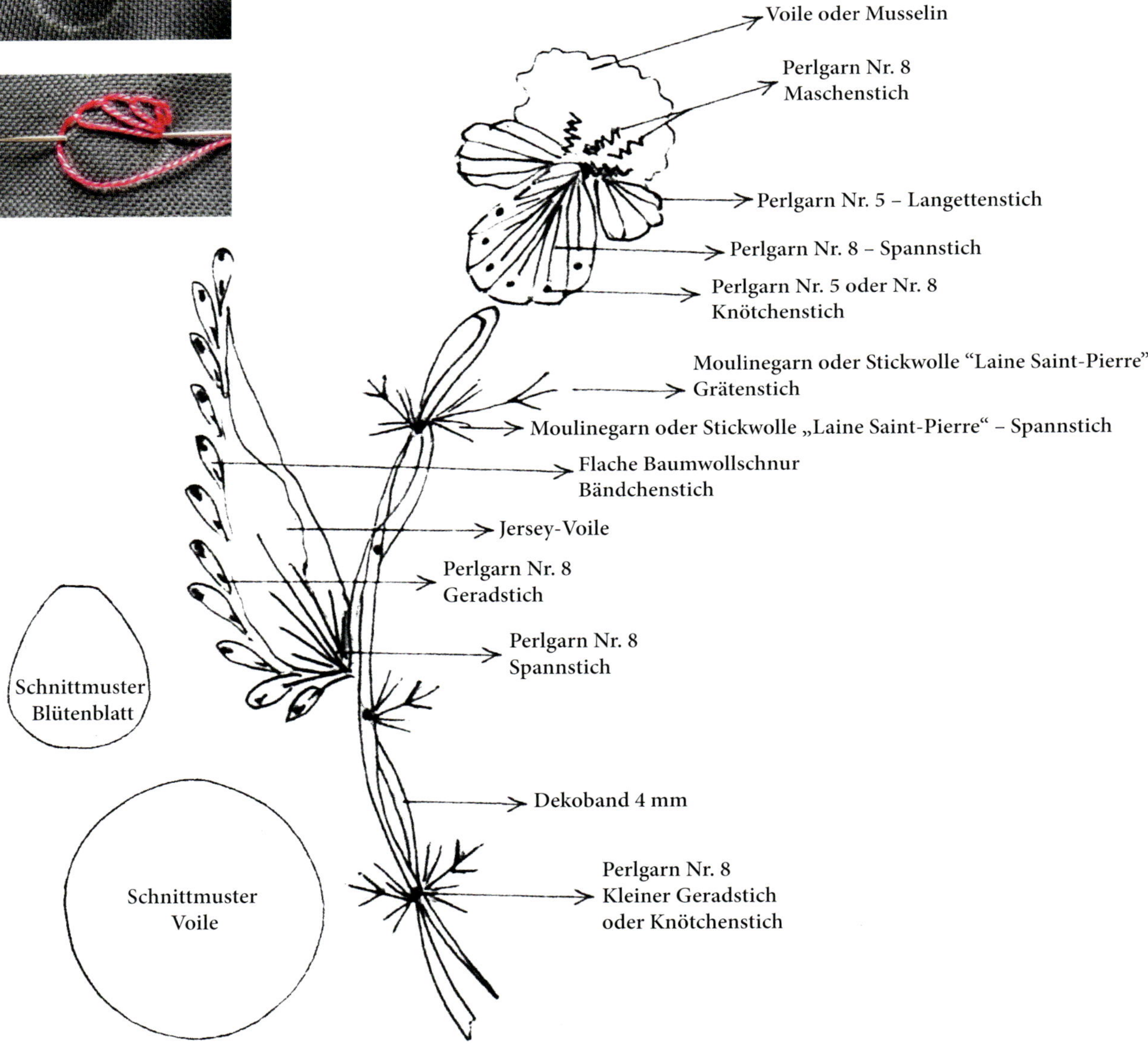

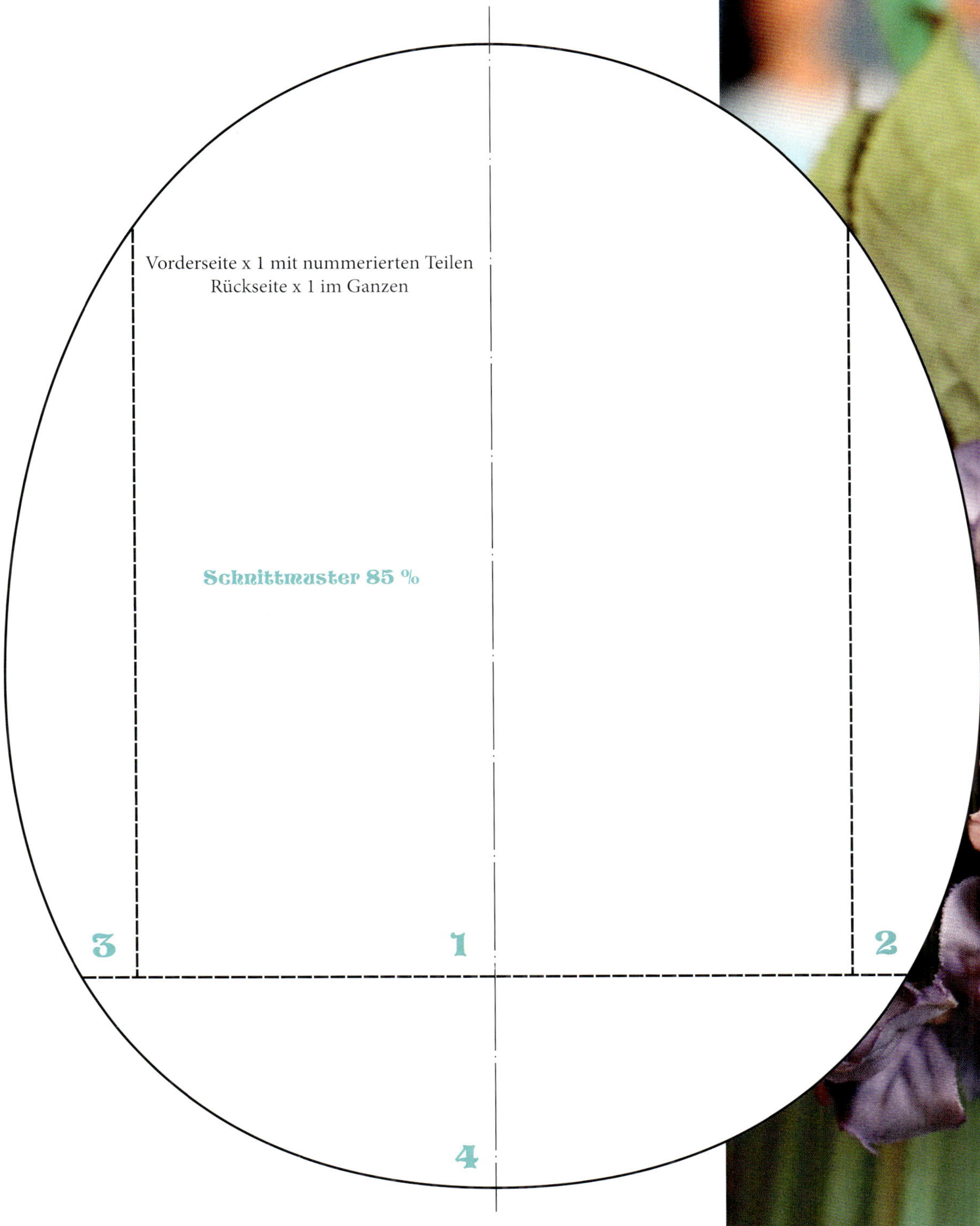
Vorderseite x 1 mit nummerierten Teilen
Rückseite x 1 im Ganzen
Schnittmuster 85 %
3
1
2
4

# MATERIAL

## HANDTASCHE

Stoff (bestickter Teil): 26 x 23 cm

Stoff (Vorderseite, oberer Teil): 26 x 12 cm

Stoff (Rückseite): 26 x 30 cm

Futter: 44 x 27 cm

Halbsteifer Molton: 27 x 46 cm

Weiches Band 25 mm (Volant Vorderseite): 41 cm

Band (als Verschluss): 90 cm

Farbige Spitze 15 mm (ziehbar): 35 cm

## STICKEREI

Perlgarn Nr. 5 in 2 oder 3 Farben

Perlgarn Nr. 8 in 9 Farben

Seidenband 4 mm in 1 Farbe

Moulinegarn in 2 Farben

Beklebter Velours mit Rückwand aus leichtem Leinen: 3 Rechtecke, 5 x 2,5 cm

15 Stiftperlen

Rocailleperlen

9 Pailletten

# Handtasche ARTHAUD

## Stickerei Salome

Die Stängel auf die rechte Seite des zu bestickenden Stoffs aufzeichnen. Mit verschiedenen Perlgarnen Nr. 8 und Nr. 5 aufsticken, dabei zwischen Stielstichen und Geradstichen abwechseln. Ein paar Leerräume lassen, um dort die Stiftperlen aufzunähen.

Das Schnittmuster für den Blütenkelch (siehe Seite 14) auf jedes Stück des beklebten Velours aufzeichnen und an den Linien entlang ausschneiden. Die Stücke mit farblich zum Velours passendem Nähgarn am Ende jedes Stängels aufnähen; zwischen Velours und Stoff kleine **Geradstiche** sticken.

Oberhalb der Blütenkelche aus Velours einen Halbkreis zeichnen und diese Halbkreise mit Perlgarn Nr. 8 im **Knötchenstich** aufsticken. Die Halbkreise mit Rocailleperlen besetzen.

3 Pailletten unter dem Rund jeder Blüte anbringen, die von 1 Rocailleperle in der Mitte gehalten werden.
Unter den 2 Pailletten links und rechts vom Blütenkelch zusätzlich 2 **Fliegenstiche** sticken.

Zum Schluss oberhalb der Blüte fächerförmig **Stempelstiche** aufsticken, dabei zwischen Perlgarn Nr. 8 und Perlgarn Nr. 5 abwechseln und dazwischen 3 Stiftperlen einfügen.

Die beiden Blätter mit Hilfe der Vorlage von Seite 14 zu beiden Seiten des Stängels anordnen; die Konturen im doppelten **Stielstich** sticken (1-mal mit Perlgarn Nr. 5 und 1-mal mit Perlgarn Nr. 8).

Die mittlere Blattader jedes Blatts aufzeichnen und in der ganzen Länge mit Seidenband 4 mm im **Rosenstich** sticken; darauf achten, zwischen den Röschen ausreichend Platz zu lassen, um eine Rocailleperle aufzunähen. Auf jeder Seite der Rocailleperlen sowie am Ende jedes Blatts mit Perlgarn Nr. 8 noch 3 kleine **Spannstiche** hinzufügen.

Lassen Sie sich von dem Foto inspirieren und sticken Sie hier und da verstreut noch ein paar Zweige mit 2 Fäden Moulinegarn im **Grätenstich** und mit 1 Faden Moulinegarn im **Spannstich** auf.

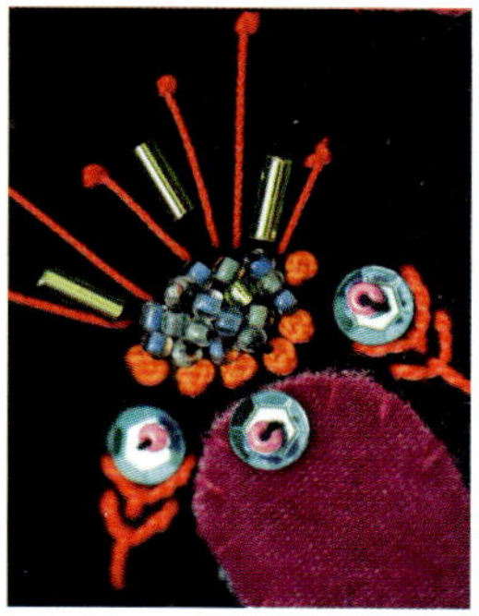

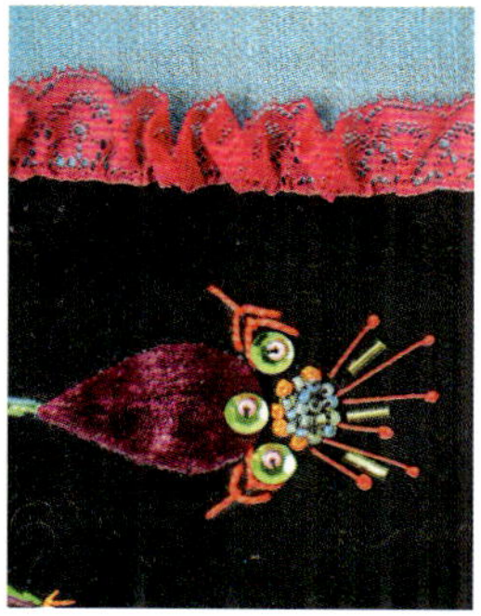

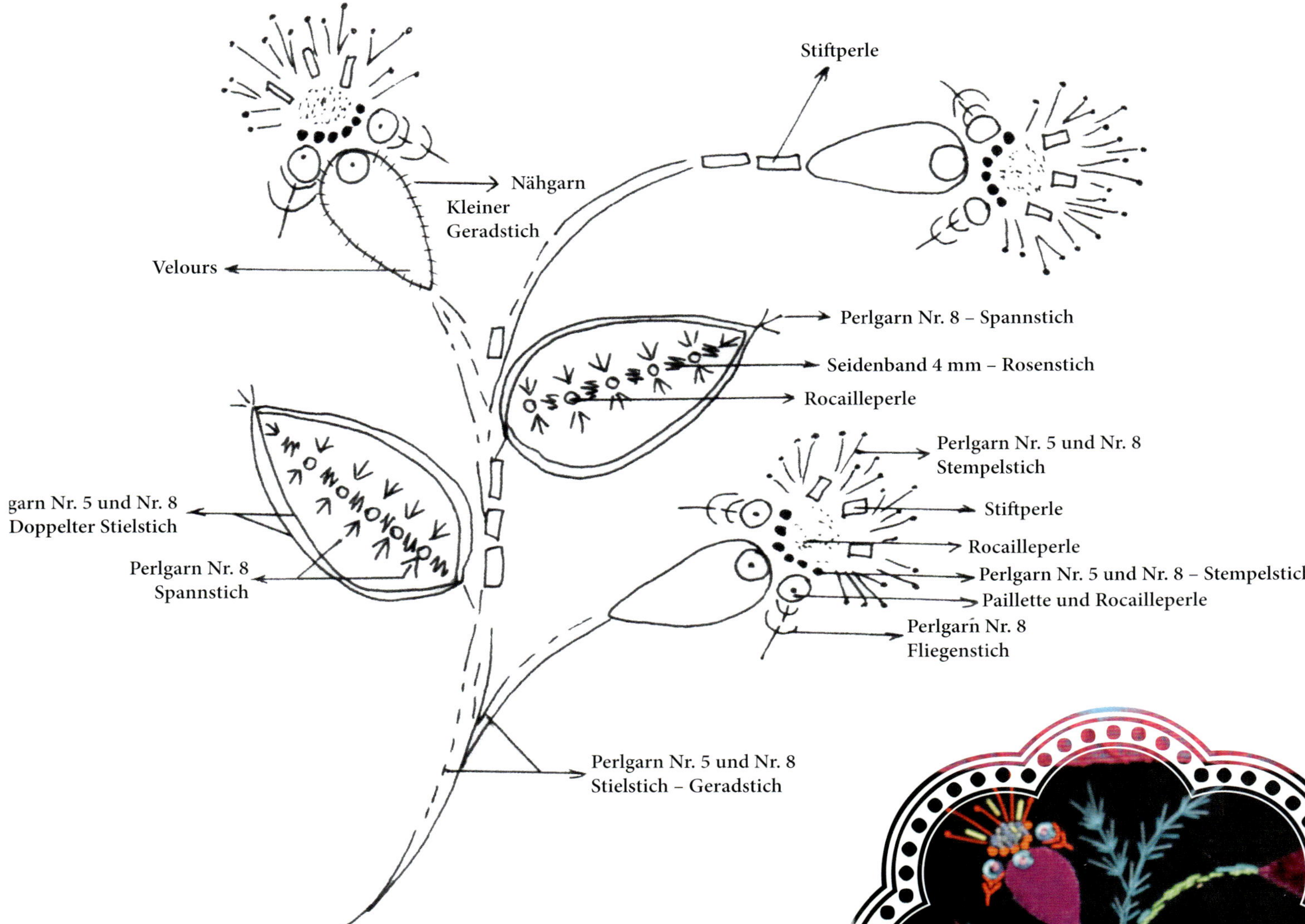


Sticksticke 100 %

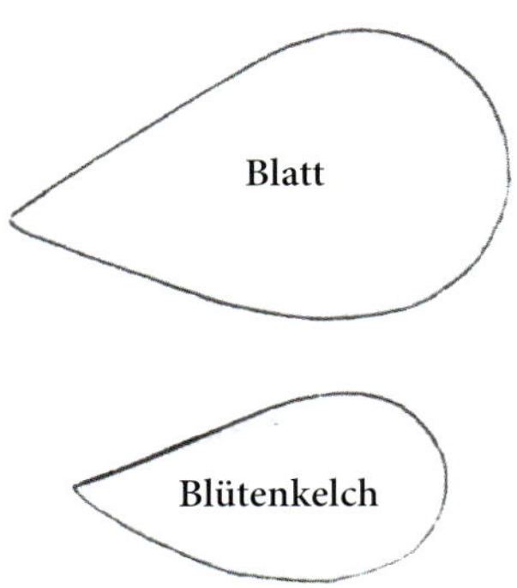

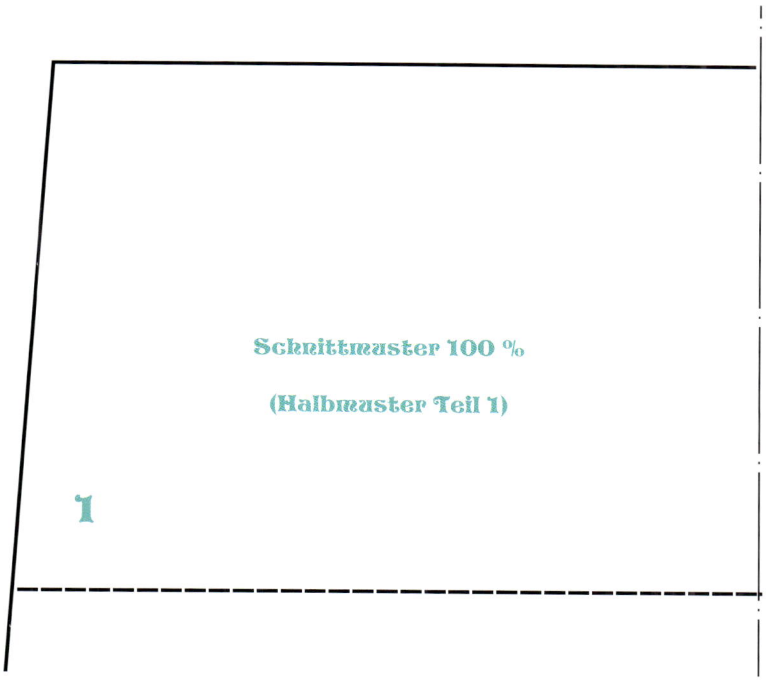


Vorderseite x 1 mit nummerierten Teilen
Rückseite x 1 im Ganzen

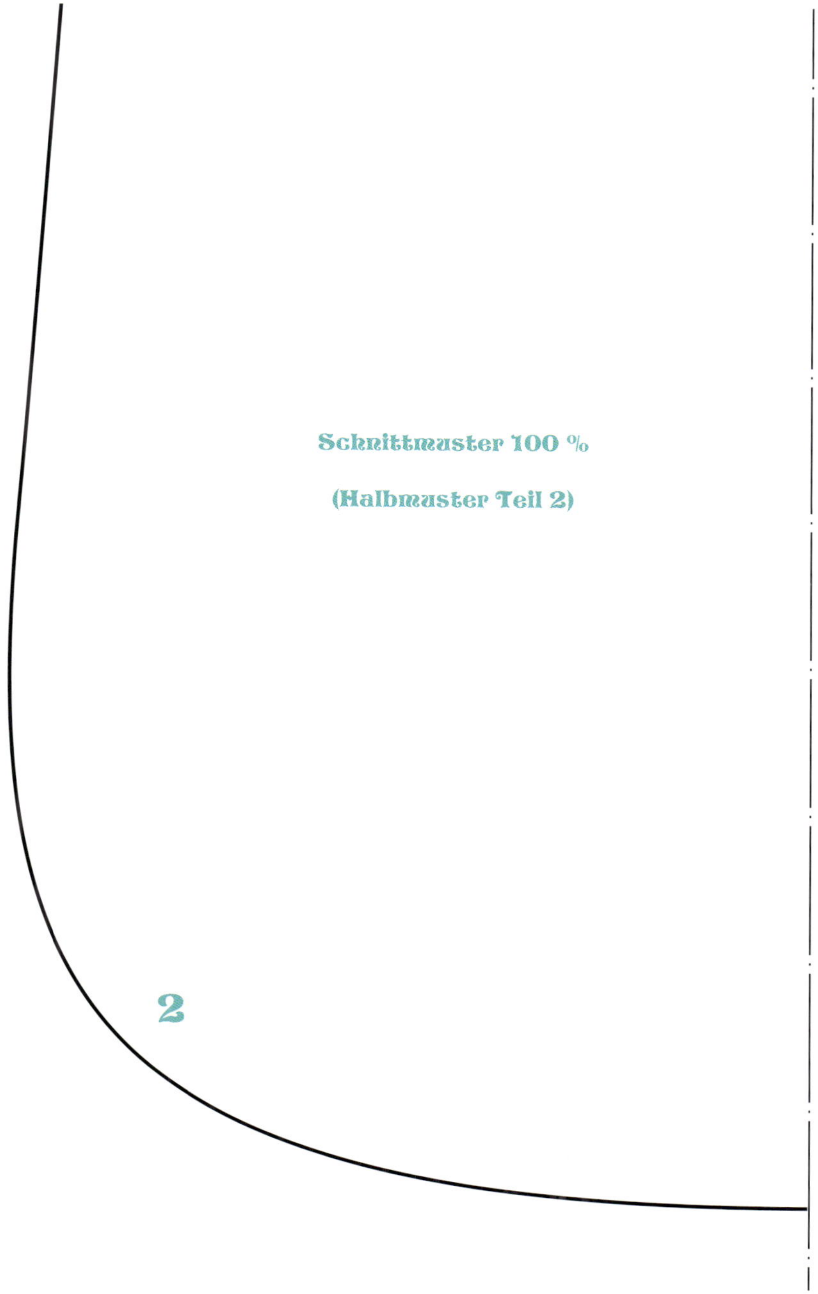

# MATERIAL

## HANDTASCHE

Stoff: 40 x 28 cm

Futter: 30 x 24 cm

Halbsteifer Molton: 30 x 24 cm

Minipomponborte: 60 cm

## STICKEREI

Seidenband 4 mm in 2 oder 3 Farben

Seidenband 7 mm in 1 oder 2 Farben

Perlgarn Nr. 5 in 2 Farben

Moulinegarn in 2 oder 3 Farben

Dekoband 7 mm in 1 Farbe

# Handtasche HORTENSE

## Stickerei Bienvenue

Die 4 Zweige aufzeichnen. Jeweils mit Perlgarn Nr. 5 im **Stielstich** aufsticken.
An jedem Zweig entlang eine zweite Reihe mit Perlgarn Nr. 5 in anderer Farbe im **Stielstich** arbeiten.
Für die Blüten mit einem Zweicentstück 3 Kreise aufzeichnen, anschließend mit dem 7 mm breiten Dekoband im **Spinnwebstich** sticken.

### Tipp

Nehmen Sie eine stumpfe Nadel, damit lässt sich die Rose im Spinnwebstich leichter sticken.

Zwischen den 3 Blüten im Spinnwebstich mit Seidengarn 4 mm ein paar Rosen im **Rosenstich** einstreuen, dabei zwischen 2 Farben abwechseln.
Mit Seidengarn 7 mm im **Bändchenstich** entlang der Zweige Gruppen mit 3 oder 4 Blättern sticken.
Mit Seidengarn 4 mm in anderer Farbe noch ein paar Blätter hinzufügen.
Mit Perlgarn Nr. 8 am Ursprung jedes Blatts einen kleinen **Geradstich** sticken.
Zum Schluss mit 3 Fäden Moulinegarn im **Grätenstich** die 6 Triebe sticken, dabei zwischen den Farben abwechseln.

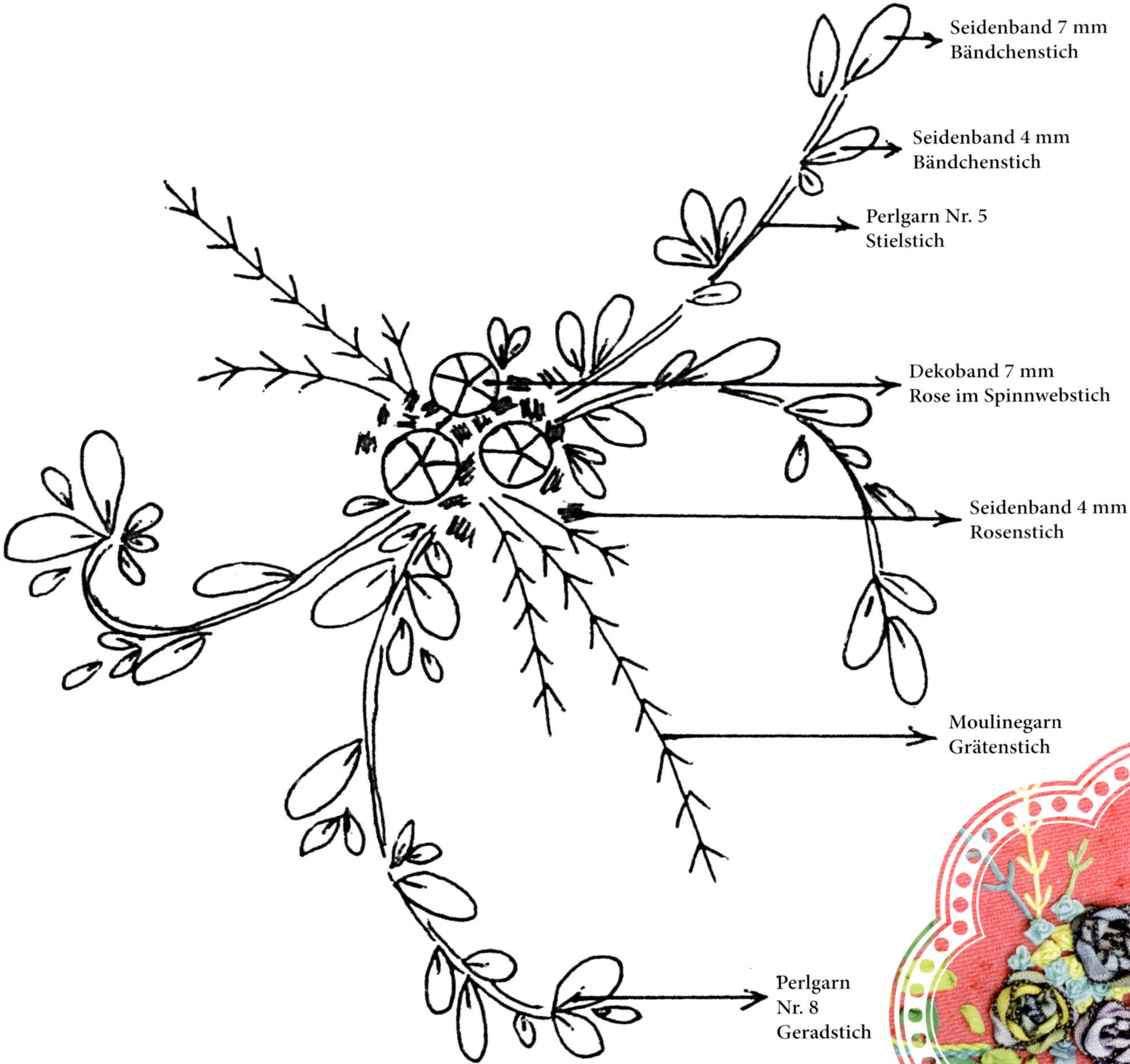


Sticksticke 100 %

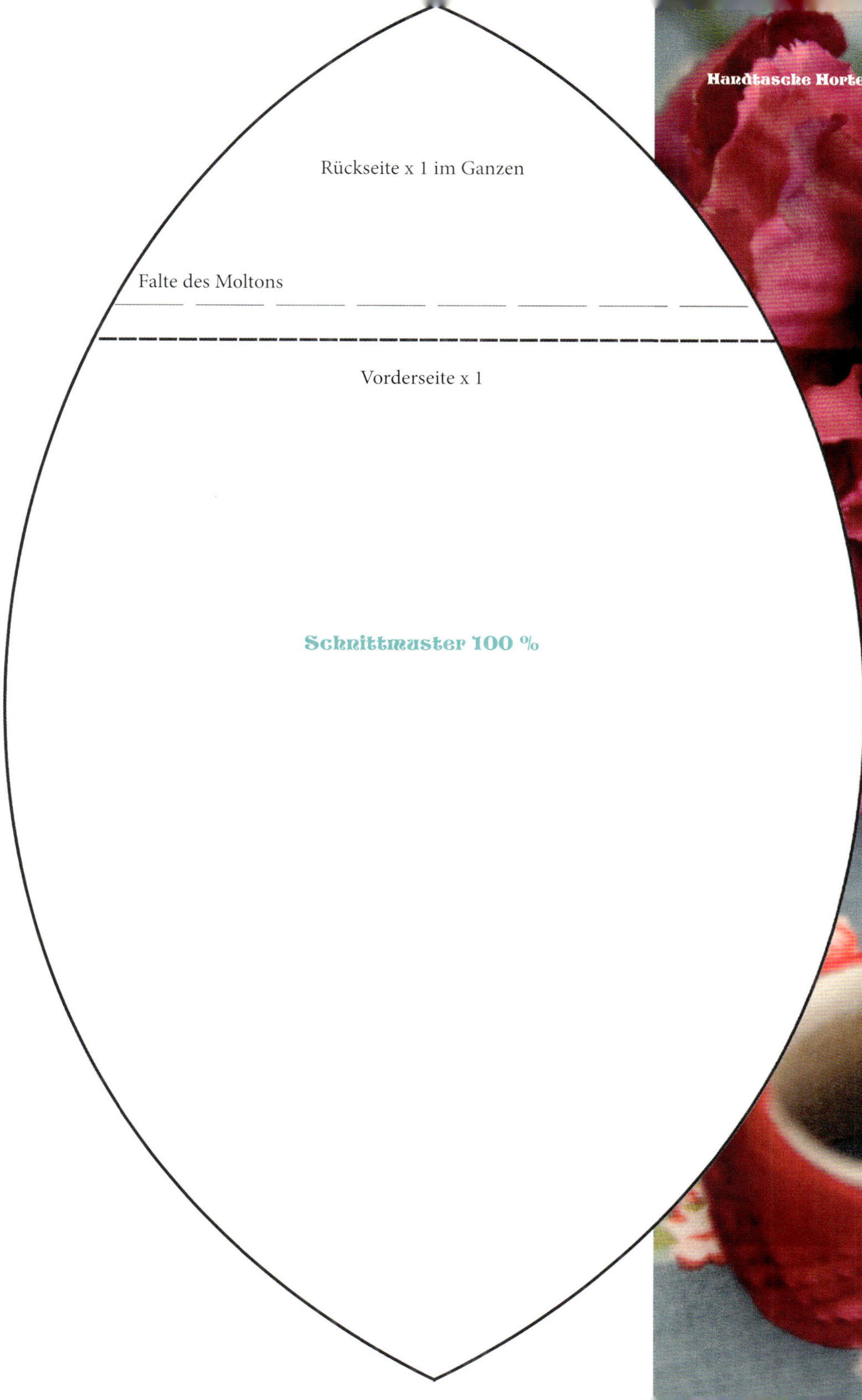
Rückseite x 1 im Ganzen
Falte des Moltons
Vorderseite x 1
Schnittmuster 100 %

# MATERIAL

## HANDTASCHE

Stoff (Hauptteil): 21 x 35 cm

Stoff (Seitenteile): 26 x 18 cm

Stoff (obere Ränder): 42 x 12 cm

Futter: 37 x 32 cm

Halbsteifer Molton: 31 x 35 cm

## STICKEREI

Perlgarn Nr. 8 in 1 Farbe

Moulinegarn in 2 oder 3 Farben

Seidenband 4 mm in 1 Farbe

Pikotband 9 mm und gleichfarbiges Nähgarn

1 mittelgroße Perle

Rocailleperlen

# Handtasche RAMONA

## Stickerei Folkloria

Auf die rechte Stoffseite die Form des Kreises von Seite 22 übertragen.
Wie auf der Zeichnung die Kreismitte leer lassen, dann mit Perlgarn Nr. 8 acht lange **Geradstiche** sticken und mit einem Knoten befestigen.
Mit dem gleichen Faden die ganze Spinne als Rose im Rückstich aussticken. Mit Nähgarn in der Mitte ein paar Rocailleperlen aufnähen.
Die 4 Stellen für das Pikotband aufzeichnen.
Mit einer sehr dicken Nadel das Ende des Bands auf die Rückseite der Arbeit durchziehen und mit farblich zum Band passendem Nähgarn mit ein paar Stichen festnähen.
Den Nähfaden auf die rechte Stoffseite durchziehen und das Pikotband mit 2 oder 3 kleinen **Geradstichen** kräuseln (siehe nächste Seite).
Den Faden straffziehen und 1 kleinen **Rückstich** sticken, dabei Stoff und Band erfassen.
In der gleichen Weise bis zum Ende der Linie fortfahren und das Ende des Bandes wieder auf die Rückseite der Arbeit durchziehen. Mit Hilfe des Nähfadens festnähen.
Auf die gleiche Weise bei den 3 anderen Linien fortfahren.
Die beiden Zweige aufzeichnen. Mit 3 Fäden Moulinegarn (1 Faden in einer Farbe und 2 Fäden in einer anderen Farbe) im **Stielstich** aufsticken.
Auf beiden Seiten mit Blättern verzieren, die mit dem Seidenband 4 mm im **Bändchenstich** gestickt werden.
Zum Schluss mit Nähgarn 1 mittelgroße Perle am oberen Ende der Zweige aufnähen.

## WIE ZIEHT MAN DAS DEKOBAND ODER DAS EFFEKTGARN AUF DIE RÜCKSEITE DER ARBEIT DURCH?

In dem Beispiel ist das Band gekräuselt, aber es kann auch mit einer dicken Nadel mit stumpfem Ende spiralförmig gedreht sein, mit Überfangstichen aufgenäht, gefältelt usw.

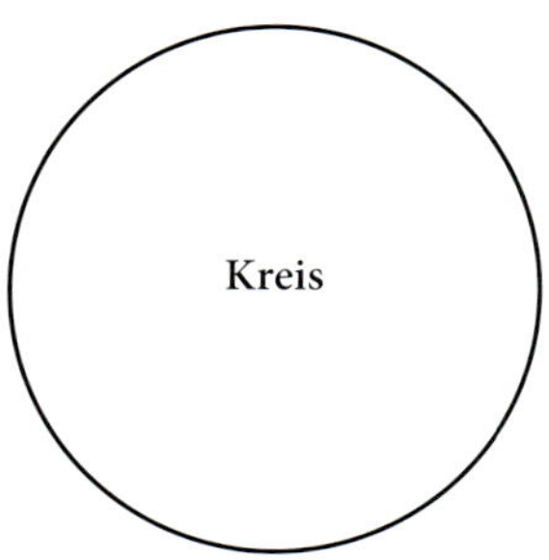


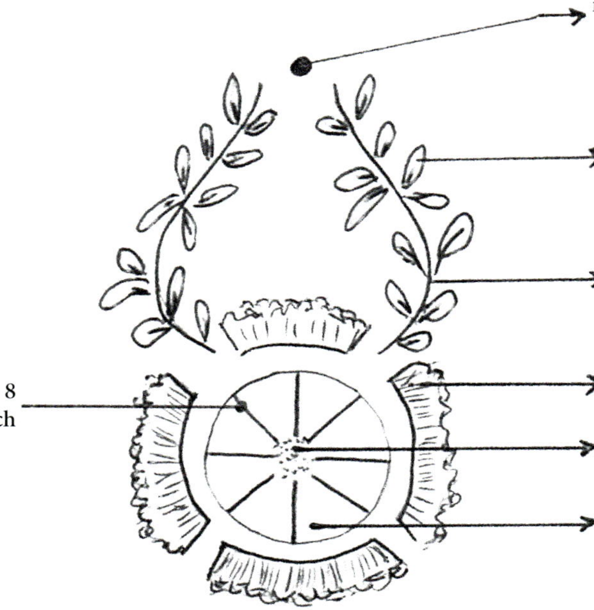


Stickstiche 100 %

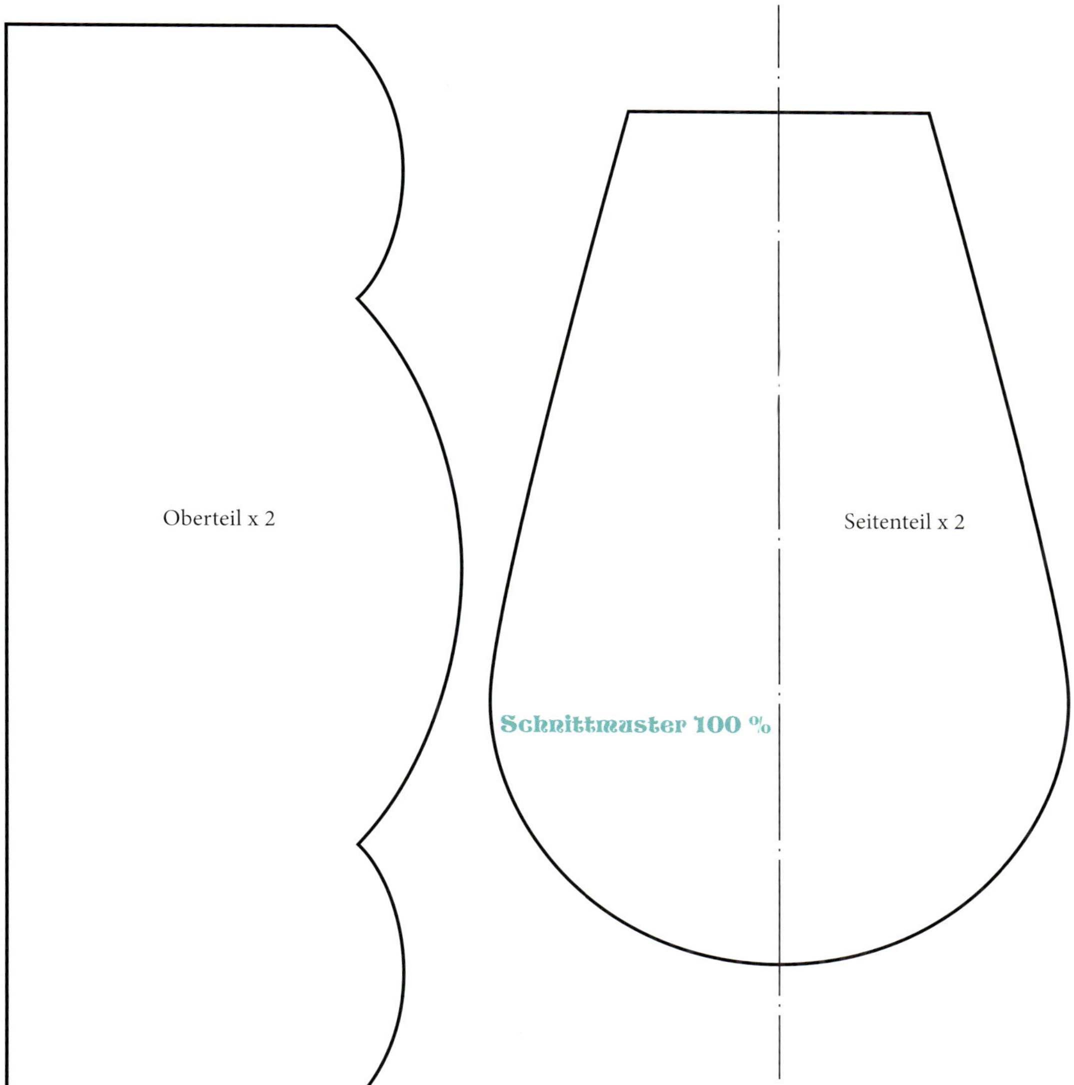


Für das Hauptteil braucht man ein Rechteck mit 15 x 30 cm.

# MATERIAL

## HANDTASCHE

Stoff (Hauptteil): 35 x 30 cm

Stoff (hinteres Fach): 25 x 22 cm

Futter: 60 x 30 cm

Halbsteifer Molton: 32 x 44 cm

Band (als Verschluss): 30 cm

## STICKEREI

Seidenband 4 mm in 2 Farben

Perlgarn Nr. 8 in 2 Farben

Effektgarn aus Viskose in 1 Farbe

Moulinegarn in 4 Farben

Perlgarn Nr. 5 in 1 Farbe

# Handtasche NATALIA

## Stickerei Wohnwagenblüten

An der Stelle für die Blüten die Form der beiden Halbkreise aufzeichnen.
Mit Seidenband 4 mm am oberen Halbkreis beginnend **Margeritenstiche** sticken.
Mit Perlgarn Nr. 5 das Innere der Blüten mit rund zehn **Knötchenstichen** ausfüllen (2 Durchläufe).
Die Stängel aufzeichnen und mit 2 Fäden Perlgarn Nr. 5 mit langen **Geradstichen** aufsticken.
Von dem Effektgarn aus Viskose rund 30 cm abschneiden. Am unteren Ende jedes Stängels mit einer spitzen Nadel mit großem Öhr einige Zentimeter Viskosegarn auf die Stoffrückseite durchziehen. Den auf der Vorderseite der Arbeit liegenden Faden in das breite Öhr einer stumpfen Nadel einfädeln. Den ganzen Stängel hinauf durch die langen **Geradstiche** ziehen.
Zum Befestigen des Viskosegarns mit einem kurzen Faden Perlgarn Nr. 8 zwei kleine, fest angezogene **Geradstiche** zwischen Viskosegarn und Stoff sticken. Den Garnfaden leicht auf die rechte oder die linke Seite jeder Blüte drehen, dann ca. 5 mm vom letzten Geradstich entfernt abschneiden. Dabei darauf achten, dass das Viskosegarn bis zum oberen Ende der Blütenblätter reicht.
Mit 2 Fäden Moulinegarn im **Grätenstich** hier und da ein paar Zweige einstreuen. Mit 1 Faden Moulinegarn in einer anderen Farbe mehrere **Spannstiche** hinzufügen.
Zum Schluss mit Perlgarn Nr. 8 oberhalb der Blüten 3 Staubgefäße im **Stempelstich** aufsticken.

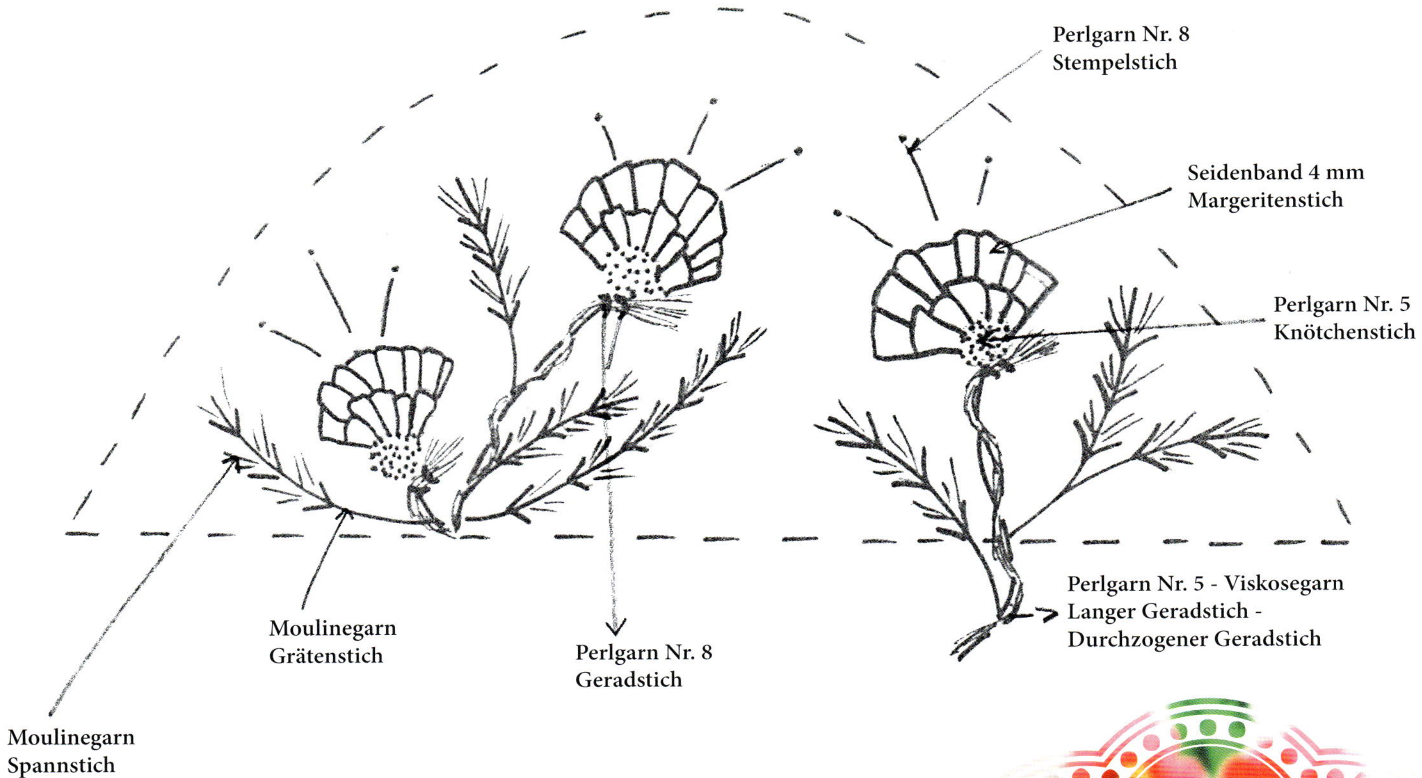

Halbkreise für die Blüten

Stickstiche 100 %

Auf dem Umschlag des hinteren Fachs nur eine einzige Blüte platzieren.

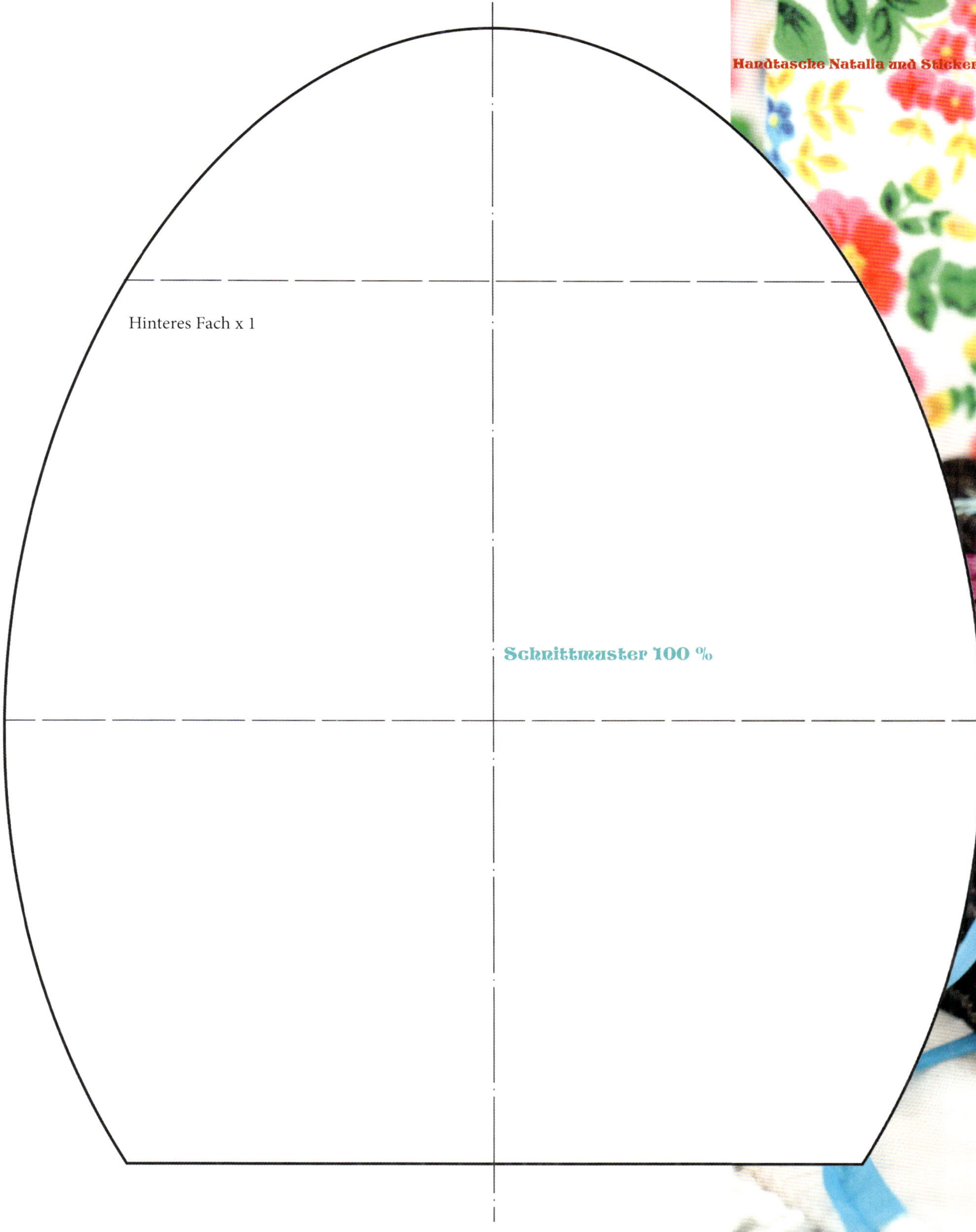
Hinteres Fach x 1
Schnittmuster 100 %

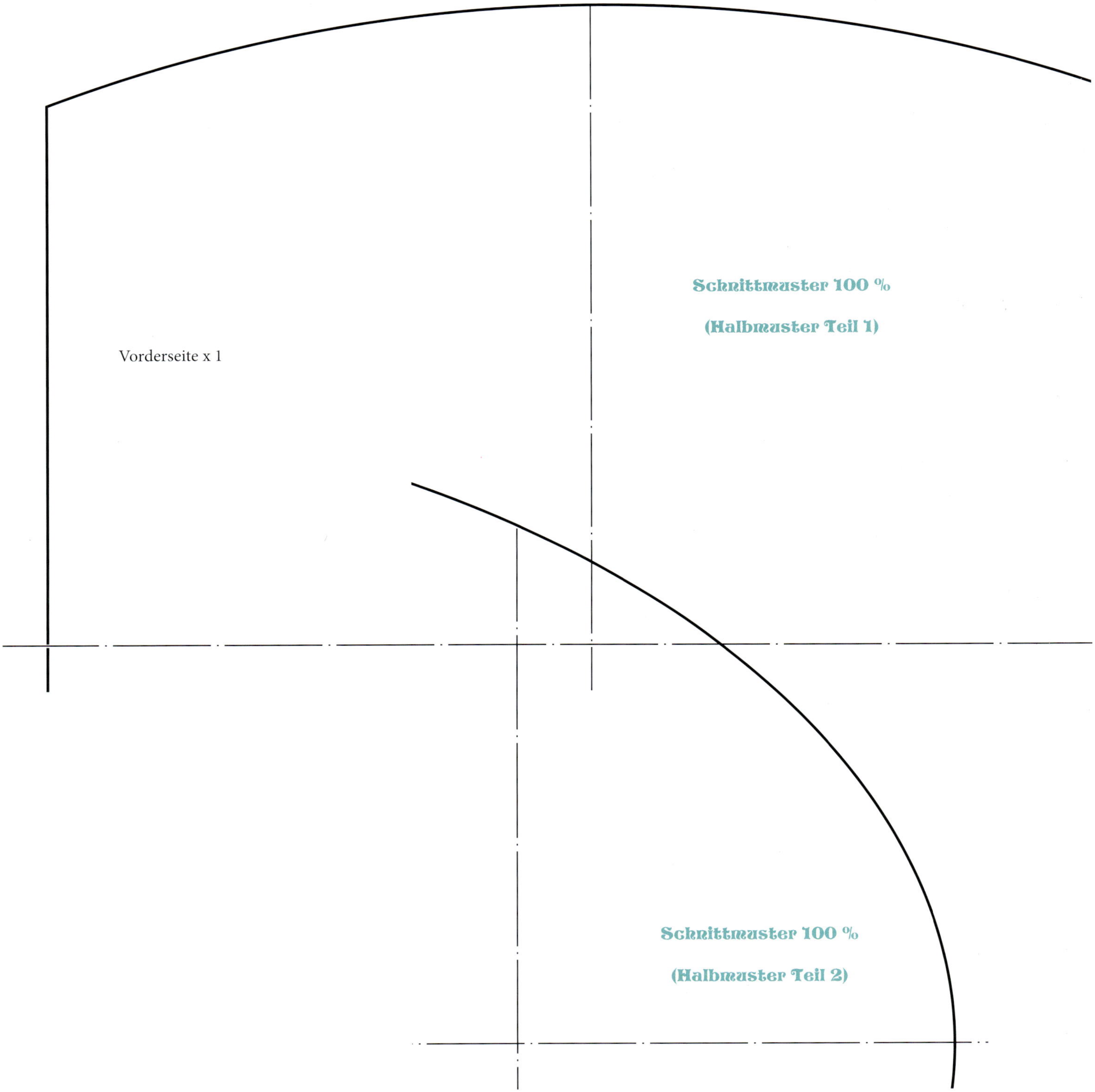
Vorderseite x 1
Schnittmuster 100 %
(Halbmuster Teil 1)
Schnittmuster 100 %
(Halbmuster Teil 2)

# MATERIAL

## KORB

Stoff: 81 x 19 cm

Futter: 75 x 15 cm

Halbsteifer Molton: 75 x 15 cm

## STICKEREI

Perlgarn Nr. 5 in 3 Farben

Perlgarn Nr. 8 in 7 Farben

Zwirn in 1 Farbe

Seidenband 4 mm in 1 Farbe

Moulinegarn in 7 Farben

Rocailleperlen

# Korb BERTHILLE

## Stickerei Ilja

Auf die rechte Stoffseite den Kreis für das Innere der Blüte aufzeichnen. Mit dem Zwirn (oder Perlgarn Nr. 5) im **Knötchenstich** (1 Durchlauf) den Kreis vollständig aussticken. Dabei kann man zwischen verschiedenen Farben abwechseln. Unterhalb dieses Kreises mit Perlgarn Nr. 5 6 **Wickelstiche** sticken, um den Blütenkelch zu bilden. Dabei 2 verschiedene Farben benutzen und abwechseln.

Dem Modell folgend, mit dem Seidenband 4 mm Gruppen mit 3 **Margeritenstichen/Knötchenstichen** aufsticken, dabei auch doppelte Margeritenstiche mit 2 Farben Perlgarn Nr. 8 einfügen.

Mit Hilfe der Vorlagen von Seite 32 die Blätter positionieren und aufzeichnen.
Mit 3 Fäden Moulinegarn (2 Fäden in einer Farbe und 1 Faden in einer anderen Farbe) im **Stielstich** die Kontur des größten Blatts aufsticken.
Mit Perlgarn Nr. 8 im **Stielstich** die mittlere Blattader und mit Perlgarn Nr. 8 in einer anderen Farbe die Konturen des inneren kleinen Blatts sticken.
Mit 2 Fäden Moulinegarn in verschiedenen Farben im **Spannstich** das Innere des kleinen Blatts füllen.
Mit Perlgarn Nr. 8 (oder 4 Fäden Moulinegarn) 2 kleine **Spannstiche** auf beiden Seiten der mittleren Blattader und oberhalb des inneren kleinen Blatts sticken.
Anschließend auf einer der 2 Seiten des großen Blatts Rocailleperlen befestigen.

Mit Perlgarn Nr. 8 in mehreren Farben im **Spannstich** die 2 letzten Blätter sticken.

Perlgarn Nr. 5 doppelt einfädeln und unterhalb des Blütenkelchs 1 **Fliegenstich** sticken, dann den Stängel mit unregelmäßigen **Federstichen** weitersticken.

Zum Schluss ähnlich wie auf dem Foto mit 2 Fäden Moulinegarn im **Grätenstich** sowie ein paar **Geradstichen** und kleinen **Spannstichen** Zweige formen. Oberhalb der 2 Blütenblätter aus Perlgarn die 2 kleinen Rocailleperlen hinzufügen.

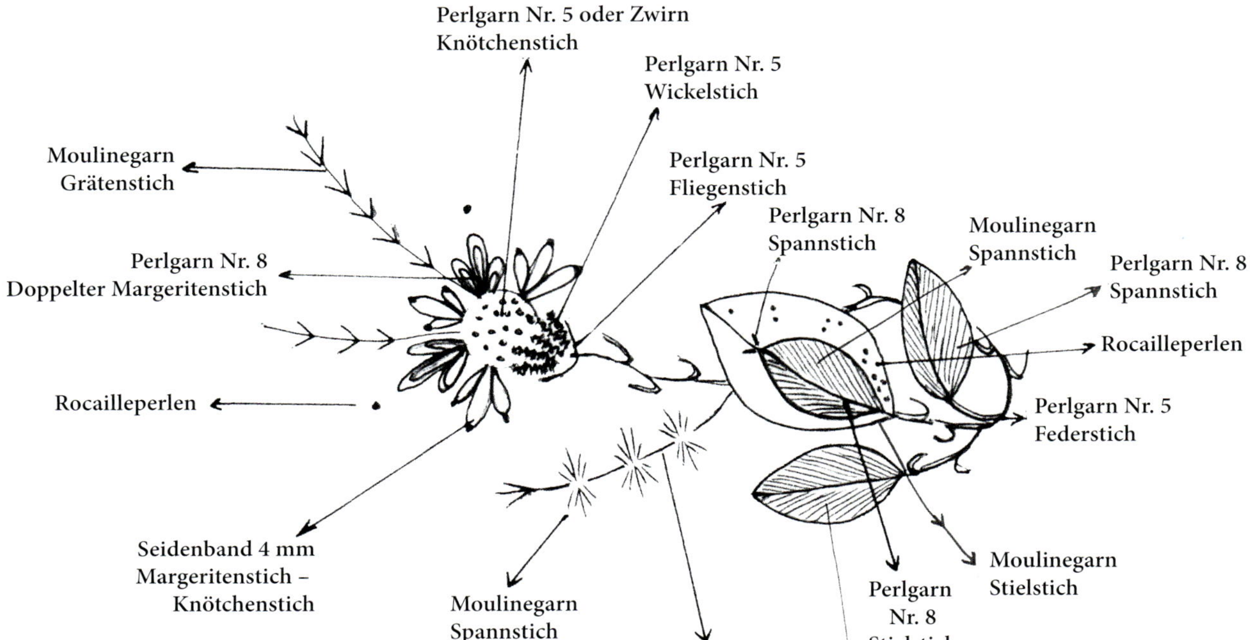


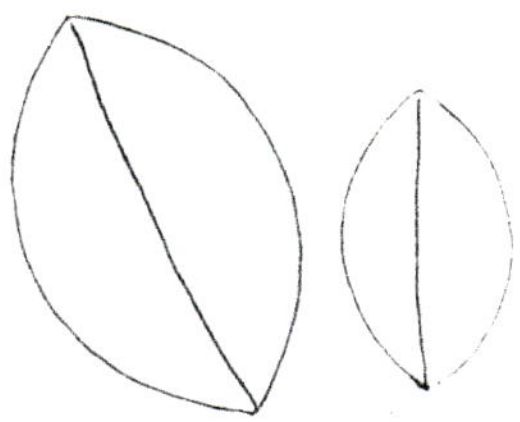

Vorlagen Blätter

Stickstiche 100 %

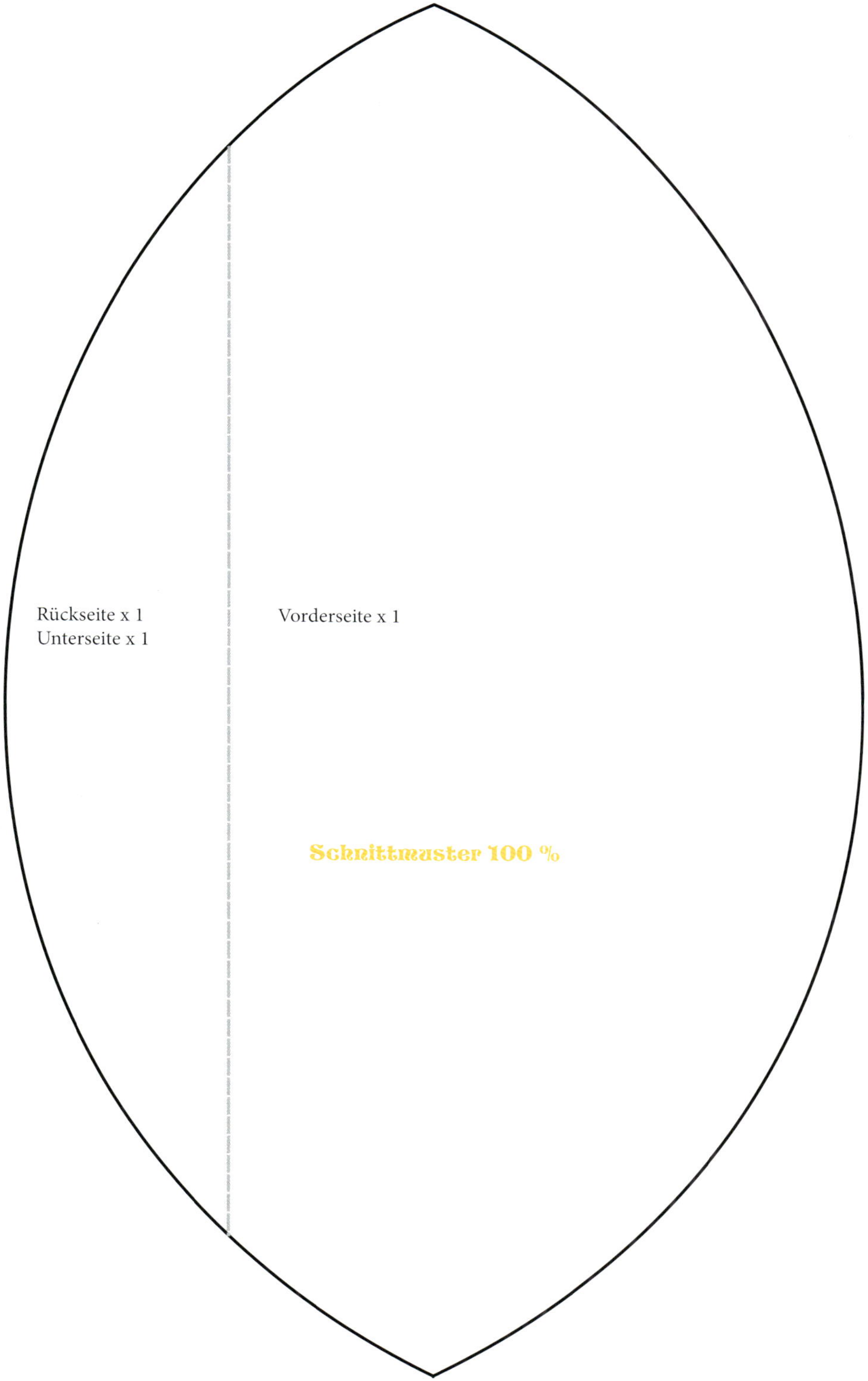
Rückseite x 1
Unterseite x 1
Vorderseite x 1
Schnittmuster 100 %

# MATERIAL

## KORB

Stoff (besticktes Teil Nr. 1):
13 x 20 cm

Stoff (Teil Nr. 2): 11 x 14 cm

Stoff (Teil Nr. 3): 28 x 11 cm

Stoff (Rückseite): 28 x 31 cm

Stoff (Boden): 22 x 14 cm

Futter: 55 x 35 cm

Halbsteifer Molton: 55 x 35 cm

Ziehband 25 mm: 35 cm

## STICKEREI

Moulinegarn oder Stickwolle
„Laine Saint-Pierre“ in 2 Farben

Perlgarn Nr. 8 in 1 Farbe

Perlgarn Nr. 5 in 2 oder 3 Farben

Seidenband (oder Kunstseide)
7 mm in 1 Farbe

15 Stiftperlen

# Nähkorb

## Stickerei Spinnenblumen

Auf die rechte Stoffseite die Stängel aufzeichnen.
Mit Perlgarn Nr. 5 im **gedrehten Kettenstich** sticken.
Etwa 2 cm oberhalb der Stängel im Halbkreis mit Perlgarn Nr. 8 ein paar **Geradstiche** sticken, dazwischen 1 Stiftperle befestigen.
Darüber mit dem Seidenband (oder Kunstseidenband) 7 mm mehrere **Knötchenstiche** setzen (1 Durchlauf).

Ähnlich wie auf dem Modell mit Perlgarn Nr. 8 eine Anzahl Gruppen im **Floriastich** aufsticken.
Mit 1 Faden Moulinegarn oder Stickwolle „Laine Saint-Pierre" 3 oder 4 **Spannstiche** zwischen diese Gruppen setzen.
Mit Perlgarn Nr. 5 als Verbindung zwischen den Blüten und den Stängeln 3 oder 4 unterschiedlich große **Fliegenstiche** sticken, die einander leicht überragen.
Zum Schluss mit 1 Faden Stickwolle „Laine Saint-Pierre" oder Moulinegarn in die Hohlräume des **gedrehten Kettenstichs** weitere Gruppen mit 3 oder 4 Spannstichen sticken.

**Tipp**

Bei der Auswahl der Farben hilft es, wenn man die Garne und Perlen auf den Stoff legt.

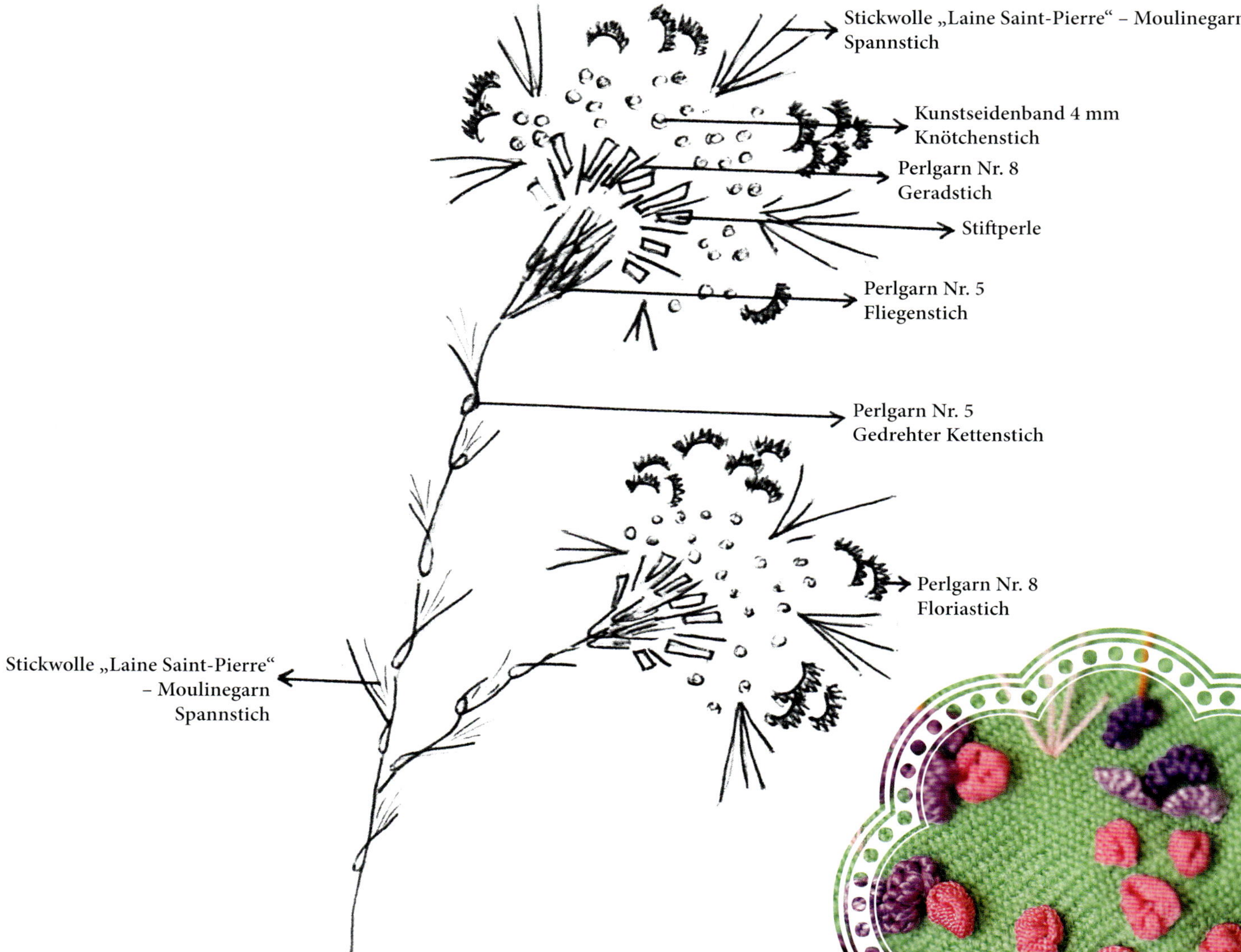


Sticksticke 100 %

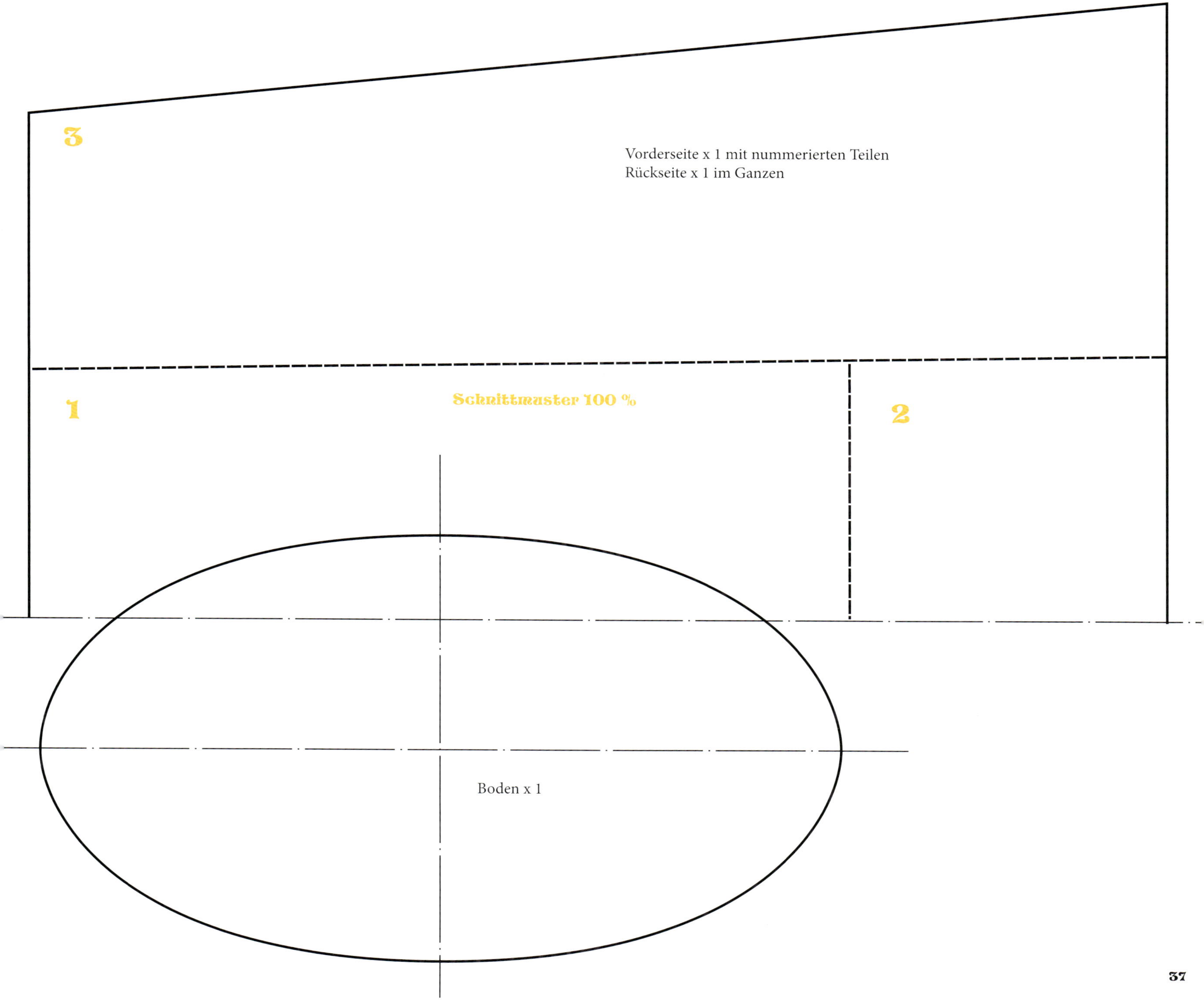
3
Vorderseite x 1 mit nummerierten Teilen
Rückseite x 1 im Ganzen
1
Schnittmuster 100 %
2
Boden x 1

# MATERIAL

## KORB

Stoff (Vorder- und Rückseite): 52 x 23 cm

Stoff (Seitenteile): 28 x 19 cm

Stoff (3 Außenfächer): 42 x 19 cm

Stoff (Boden): 13 x 14 cm

Futter: 110 x 20 cm

Halbsteifer Molton: 100 x 26 cm

## STICKEREI

Perlgarn Nr. 5 in 3 Farben

Perlgarn Nr. 8 in 5 Farben

Seidenband 4 mm in 1 Farbe

Effektwolle in 1 Farbe

Drahtband 15 mm in 1 oder 2 Farben

Flache Baumwollschnur in 1 Farbe

Moulinegarn in 1 Farbe und Garnreste (mindestens 9 cm lang) in verschiedenen Farben

# Korb FÄCHER

## Stickerei Indianernesseln

Die beiden Stängel aufzeichnen und mit Perlgarn Nr. 5 im **Korallenstich** sticken.
An den ganzen Stängeln entlang mit Perlgarn Nr. 5 in einer anderen Farbe eine zweite Reihe im Korallenstich sticken.

Für die Ranken etwa 30 cm Effektwolle abschneiden. Die Wolle ähnlich wie auf dem Foto des Modells links und rechts der Stängel anordnen und mit Perlgarn Nr. 8 mit **Überfangstichen** befestigen.

**Tipp**

Zum Abschneiden verwendet man besser einen Fadenknipser als eine Schere.

Mit rund 20 cm Effektwolle und 6 Fäden Moulinegarn den gleichen Vorgang zwischen den 2 Stängeln wiederholen.

Von dem Drahtband 15 mm 6-mal 5 cm abschneiden und daraus 6 kleine Blätter fertigen (siehe nächste Seite).

Sie bilden den Blütenkelch, wenn man sie mit gleichfarbigem Nähgarn in Dreiergruppen oberhalb der 2 Stängel aufnäht. Über diesen Blütenkelchen mit Perlgarn Nr. 8 4 Schlingen im **Wickelstich** mit einer Farbe und 2 oder 3 mit einer anderen Farbe sticken.
In der Mitte und oberhalb dieser Schlingen im **Wickelstich** mit Perlgarn Nr. 8 in 2 Farben 2 oder 3 **doppelte Maschenstiche** sticken.

Mit Seidenband 4 mm in Anlehnung an die Zeichnung ein paar **gedrehte Bändchenstiche** einstreuen. Dabei darauf achten, dass sie nicht gleich groß sind und in verschiedene Richtungen zeigen.

Für die 2 kleinen Blätter am unteren Ende der Stängel mit flacher Baumwollschnur 1 **Geradstich**, dann 2 kleinere **Geradstiche** auf jede Seite sticken.

Zum Schluss aus den Resten Moulinegarn (oder Stickwolle „Laine Saint-Pierre") rund vierzig ca. 9 cm lange Stücke in verschiedenen Farben heraussuchen.
Oben an der mittleren Ranke befestigen, um die Knospe zu bilden (wie auf der nächsten Seite beschrieben).

## DIE BLÜTENBLÄTTER FÜR DEN BLÜTENKELCH DER „INDIANERNESSELN“

Mit einem Drahtband erleichtert man sich die Arbeit, aber man kann auch mit einem Band ohne Draht ein sehr hübsches Ergebnis erzielen.

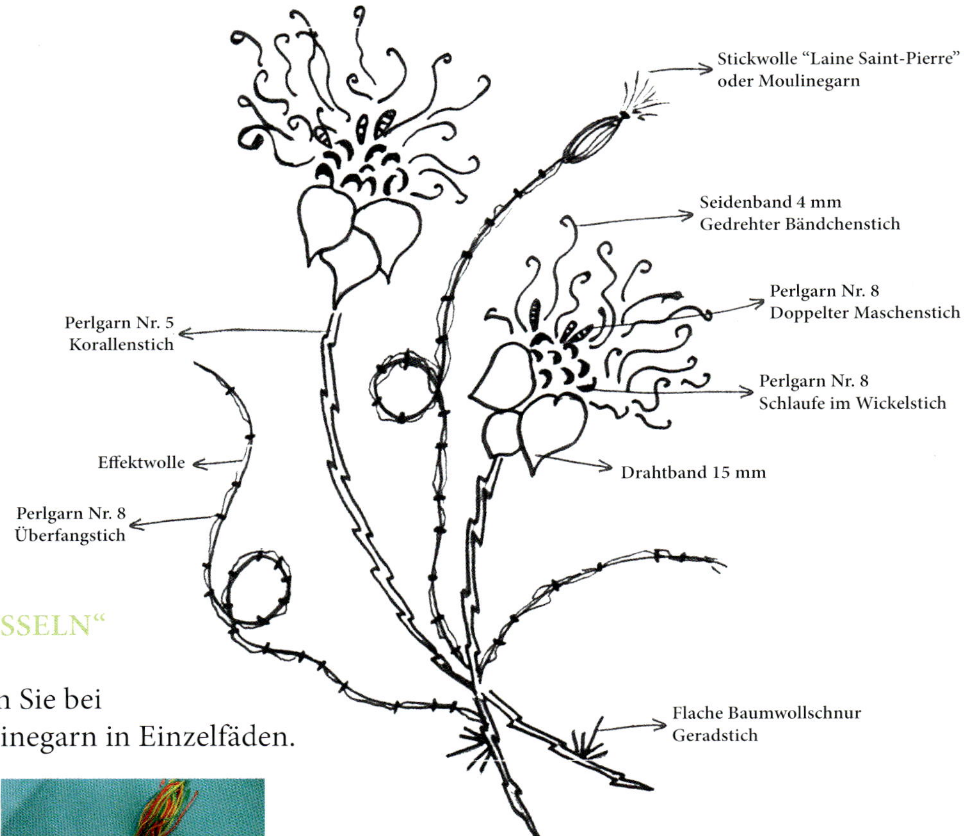


Stickstiche 80 %

## DIE BLÜTENKNOSPE DER „INDIANERNESSELN“

Um eine schöne Wirkung zu erreichen, mischen Sie bei dem kleinen Bündel verschiedene Farben Moulinegarn in Einzelfäden.

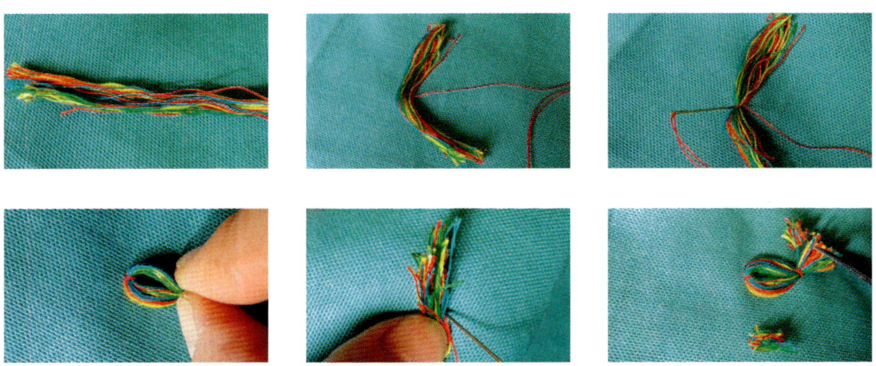

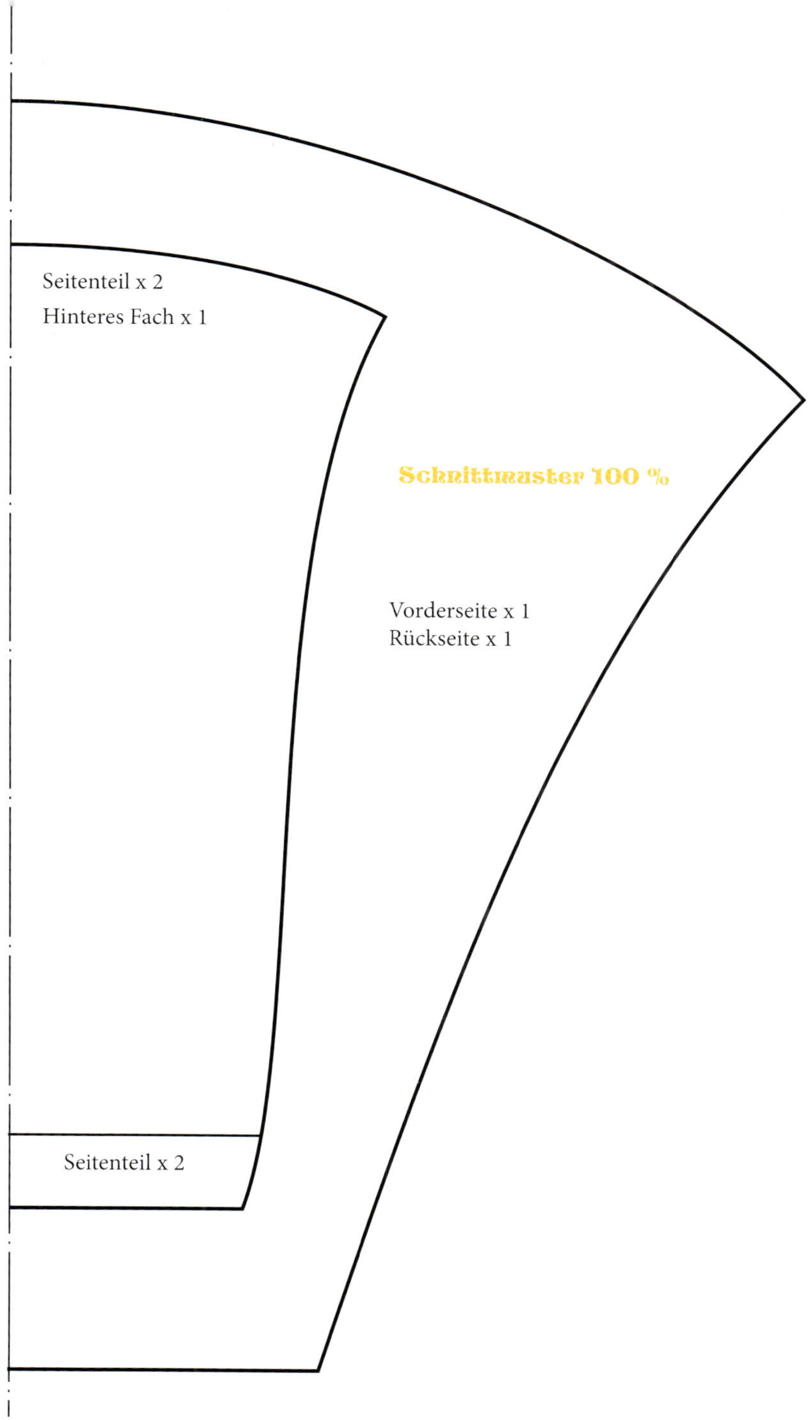
Seitenteil x 2
Hinteres Fach x 1
Schnittmuster 100 %
Vorderseite x 1
Rückseite x 1
Seitenteil x 2

Schnittmuster 100 %
Boden x 1

# MATERIAL

## KORB

Stoff (Vorder- und Rückseite): 23 x 60 cm

Stoff (Seitenteile): 20 x 22 cm

Stoff (Boden): 25 x 10 cm

Futter: 27 x 60 cm

Halbsteifer Molton: 27 x 60 cm

Tüll: 40 x 5 cm

## STICKEREI

Kunstseidenband 7 mm in 2 Farben

Flache Baumwollschnur in 1 Farbe

Zwirn in 1 oder 2 Farben

1 Quadrat halbsteifer Molton, 2 x 2 cm

40 cm Drahtband 10 mm

Rocailleperlen (für die Blätter)

# Korb LITTLE MARCEL

## Stickerei Chrysanthemen

Mit Kunstseidenband 7 mm ein paar **gedrehte Bändchenstiche** sticken.
Bei den längsten Stichen hält man die Fadenspannung mit einem ganz kleinen Stich aufrecht, der mit Nähgarn in der gleichen Farbe wie das Kunstseidenband ausgeführt wird. Zwischen den beiden Farben des Kunstseidenbands 7 mm abwechseln.

**Tipp**

Wenn Sie nur sehr wenig Material aufzukleben haben, nehmen Sie einen klassischen weißen Klebestift.

Mit Hilfe des Schnittmusters von Seite 44 zwei Blütenkelche aus dem Molton ausschneiden. Aufsetzen und mit etwas Textilkleber befestigen; mit dem flachen Band in einander leicht überragenden **Geradstichen** aussticken.
Zum Schluss ein paar **Bändchenstiche** sticken (dabei nicht zu fest anziehen, damit die Wölbung des Blütenkelchs erhalten bleibt).
Ähnlich wie auf dem Foto des Modells unterhalb des Blütenkelchs mit Zwirn 3 oder 4 **Fliegenstiche** (und/oder Geradstiche) sticken, dann den Stängel in langen, unregelmäßigen **Federstichen** arbeiten.

Für die Blätter siehe nächste Seite.

## DIE BLÄTTER DER „CHRYSANTHEMEN“

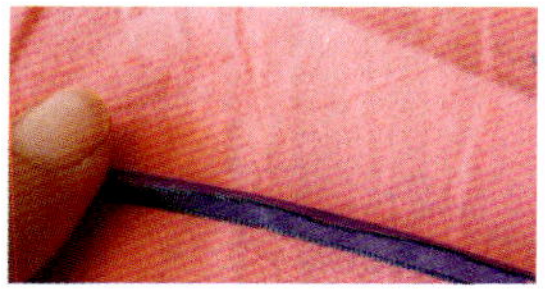

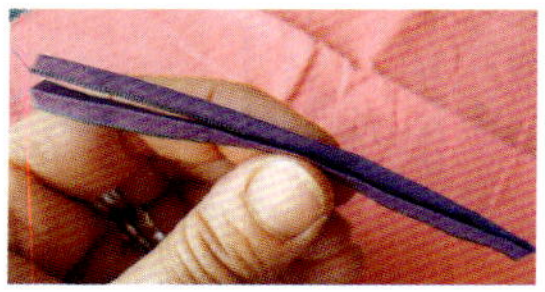

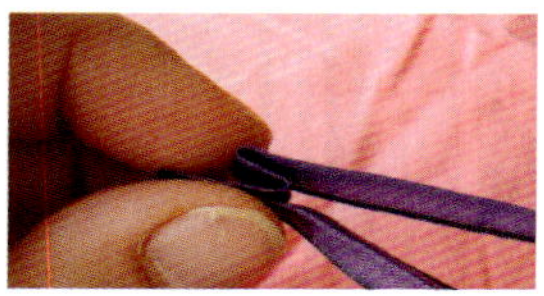

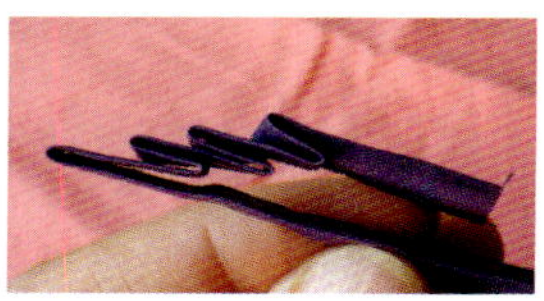

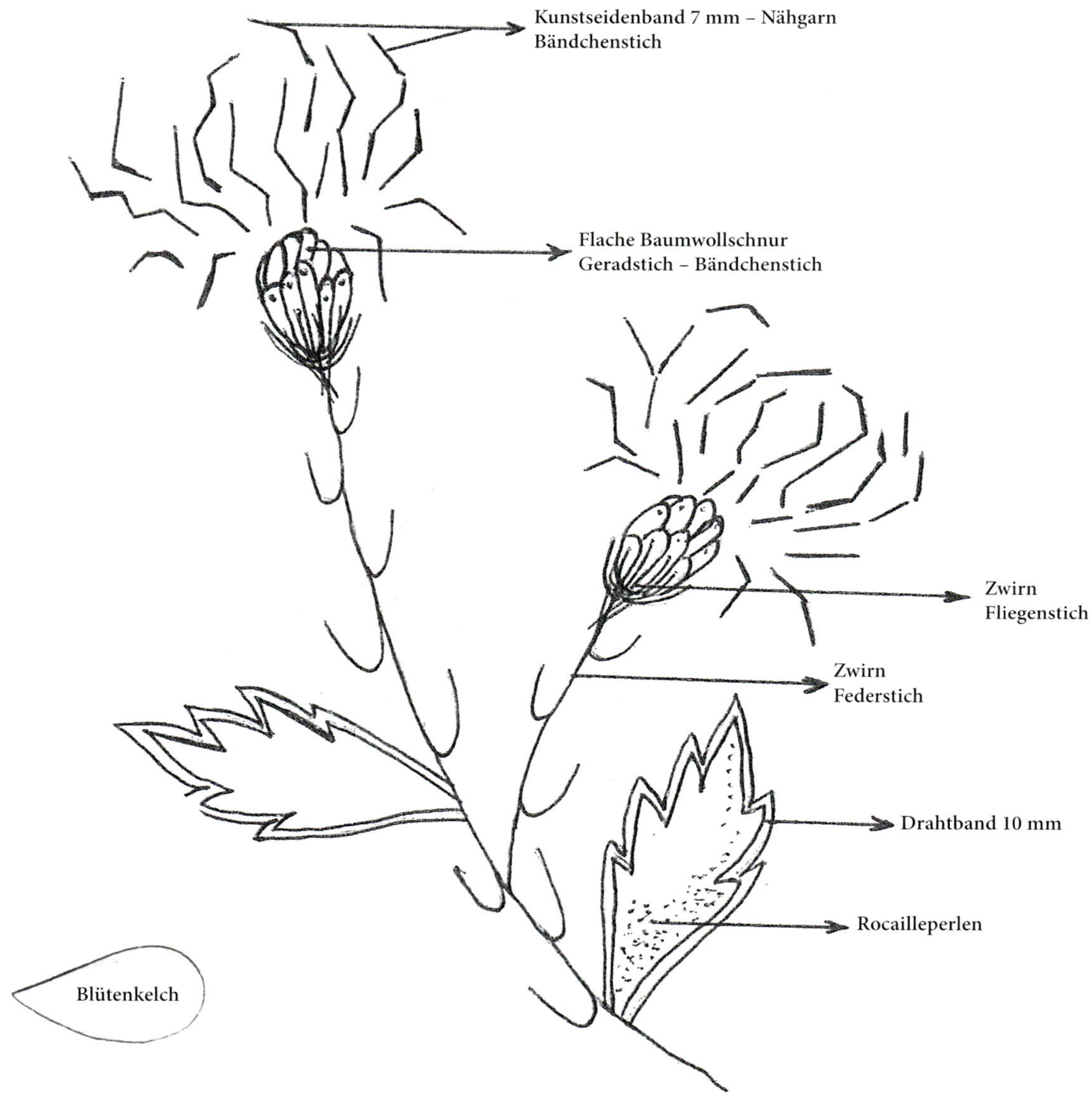


**Sticksticke 90 %**

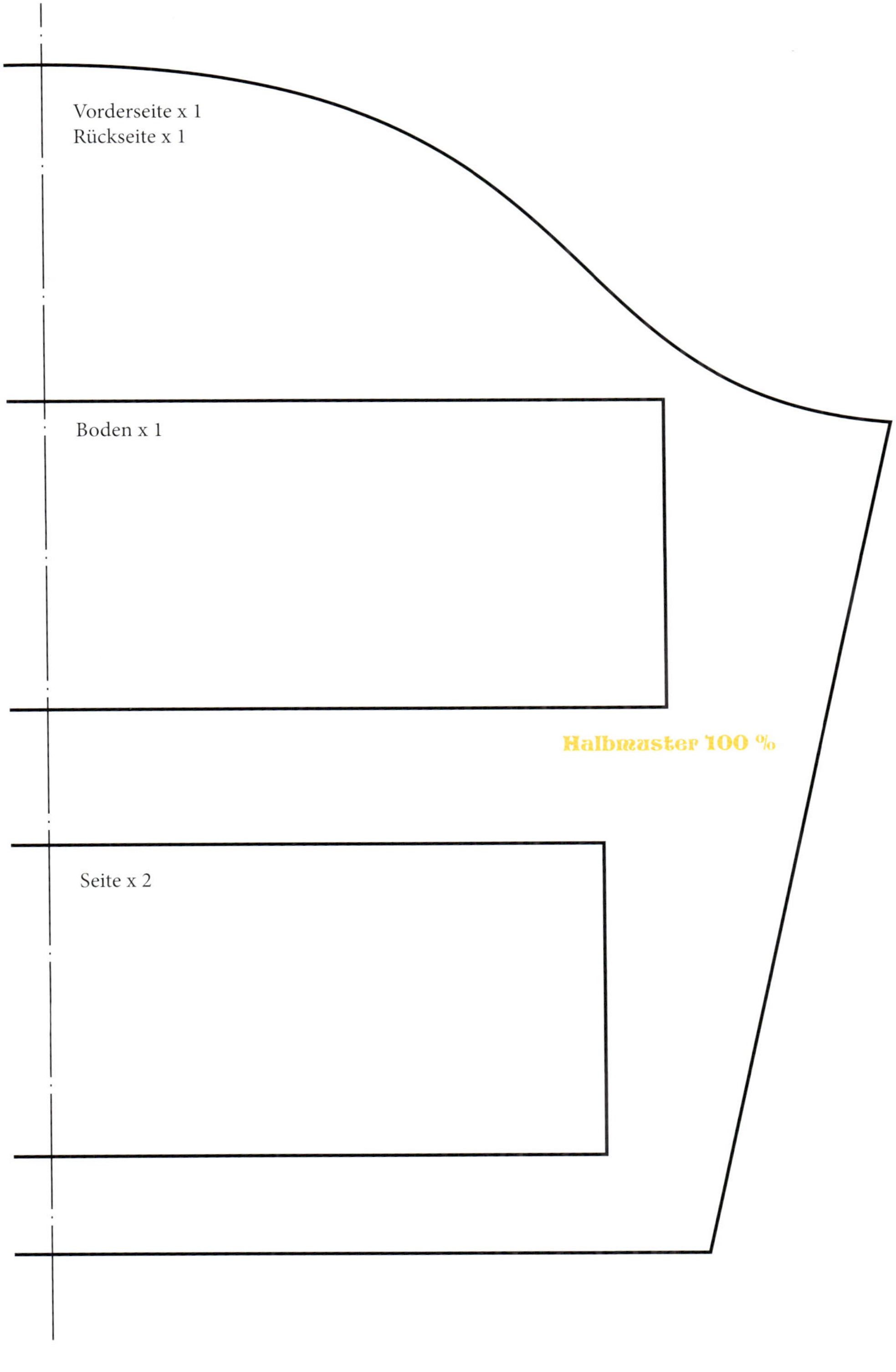
Vorderseite x 1
Rückseite x 1
Boden x 1
Halbmuster 100 %
Seite x 2

# MATERIAL

## KORB

Stoff (bestickte Teile Nr. 1):
2-mal 15 x 12 cm

Stoff (Teil Nr. 2): 2-mal 15 x 9 cm

Stoff (Teil Nr. 3): 2-mal 5 x 20 cm

Stoff (Teil Nr. 4): 2-mal 18 x 7 cm

Stoff (Teil Nr. 5): 2-mal 7 x 25 cm

Stoff (Teil Nr. 6): 2-mal 9 x 23 cm

Stoff (Seitenteile): 2-mal 16 x 25 cm

Stoff (Boden): 16 x 27 cm

Futter: 92 x 23 cm

Halbsteifer Molton: 92 x 23 cm

## STICKEREI

Perlgarn Nr. 5 in 2 Farben

Perlgarn Nr. 8 in 3 Farben

3 Stoffquadrate in verschiedenen Farben, 5 x 5 cm

2-mal 6 cm Zackenlitze, ca. 1 cm breit

Stickwolle „Laine Saint-Pierre“ in 2 Farben

Rocailleperlen

5 cm Spitze 15 mm

# Korb RUMÄNIEN

## Stickerei Valentina

Die Stängel aufzeichnen und mit Perlgarn Nr. 5 in langen **Stielstichen** aufsticken.
Etwa 2 cm oberhalb des mittleren Stängels mit ein paar Stichen das vorher gekräuselte 5 cm lange Stück Spitze befestigen.
2 cm oberhalb der beiden anderen Stängel mit Hilfe der Vorlage von Seite 48 die Blütenkronen aufzeichnen, mit der Stickwolle „Laine Saint-Pierre" in **Spannstichen** (siehe nächste Seite) aufsticken und aus der gekräuselten Zackenlitze die kleinen Blüten formen.
Die Zackenlitzenstücke in der Mitte und am Rand einer der Blütenkronen aus Wolle und derjenigen aus Spitze befestigen.
Mit Hilfe der Vorlage von Seite 48 einen Kreis aus jedem der 3 Stoffe ausschneiden. Zu einem Hörnchen zusammenrollen. Anschließend positionieren und mit einer Nadel feststecken.

Die Blütenkronen mit Perlgarn Nr. 8 mit einer Anzahl verschieden großer **Spannstiche** befestigen und mit den Stängeln verbinden.

Mit Perlgarn Nr. 8 in unterschiedlichen Abständen am Stängel einige Gruppen aus 6 oder 7 nach unten geneigten **Geradstichen** aufsticken.
Mit 2 Fäden Moulinegarn ein paar Rocailleperlen in der Mitte einer der kleinen Blüten aus Zackenlitze aufnähen.
Anschließend den oberen Teil einer der Blütenkronen aus Wolle auf die gleiche Weise mit Perlen besetzen.
Oberhalb der Blütenkrone aus Spitze mit Perlgarn Nr. 8 drei Gruppen mit 5 **Spannstichen** sticken.
Zum Schluss die 3 kleinen Blätter aufzeichnen und mit Perlgarn Nr. 5 im **Geradstich** sticken. Mit einem **Stielstich** aus dem gleichen Perlgarn Nr. 5 wie der Stängel mit dem mittleren Stängel verbinden.

## DIE SPANNSTICHE FÜR „VALENTINA“

Zeichnen Sie nur die äußeren Umrisse und einen Teil der inneren Linien auf, um die ersten Stiche zu sticken. Anschließend braucht man nur noch die leeren Stellen zu füllen.

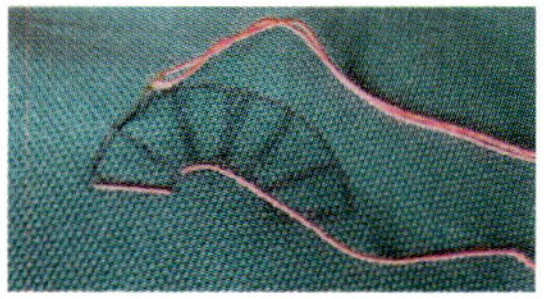

## DIE KLEINEN BLÜTEN AUS ZACKENLITZE FÜR „VALENTINA“

Benutzen Sie eine dünnere Nadel, um in jeden Zwischenraum eine kleine Perle einzusetzen.

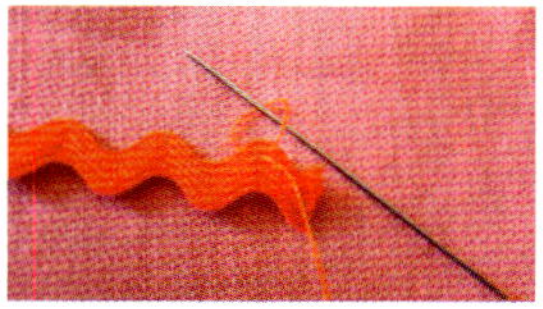

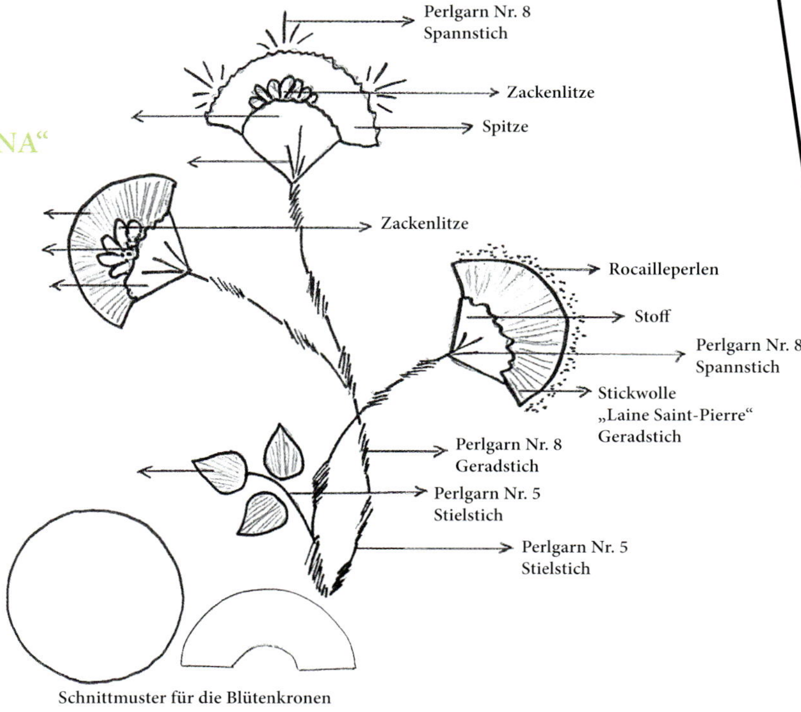


Schnittmuster für die Blütenkronen

Stickstiche 70 %

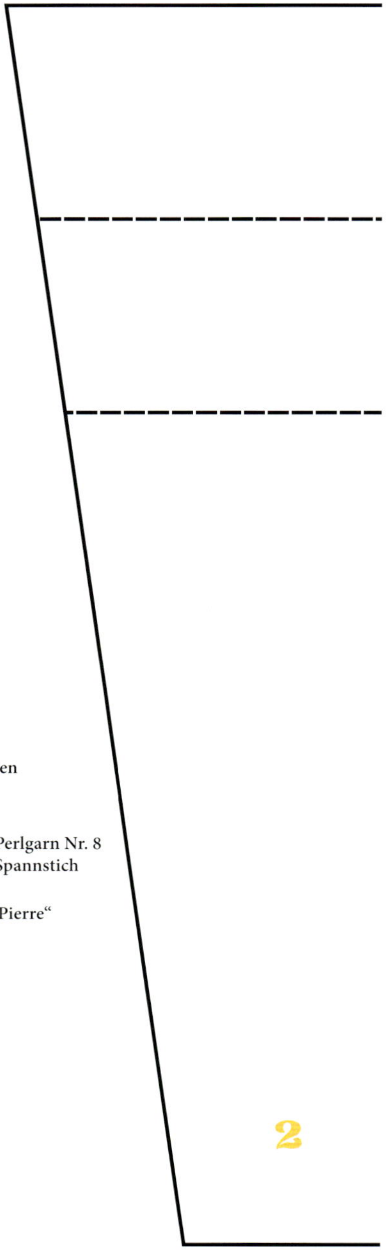

+ Für den Boden: 1 Rechteck, 21 x 10 cm

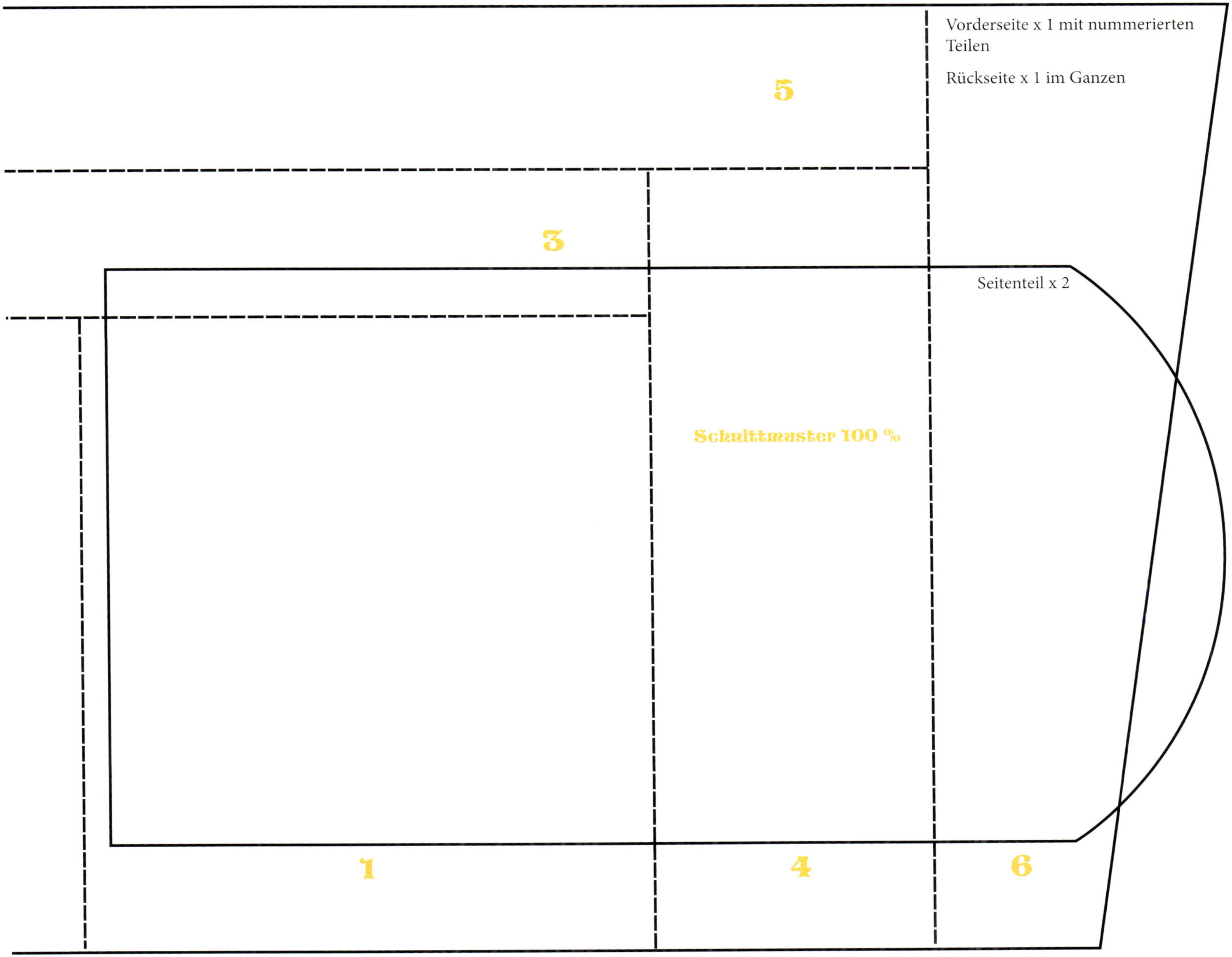

## MATERIAL

### KORB

Stoff (bestickte Teile): 22 x 50 cm

Stoff (Hauptteil): 21 x 84 cm

Stoff (Rückseite): 21 x 46 cm

Stoff (Boden): 18 x 50 cm

Futter: 85 x 55 cm

Halbsteifer Molton: 80 x 50 cm

Pomponborte: 2 x 52 cm

### STICKEREI

Perlgarn Nr. 5 in 2 Farben

Perlgarn Nr. 8 in 3 Farben

Seidenband 7 mm in 3 Farben

Seidenband 4 mm in 1 Farbe

Moulinegarn in 4 oder 5 Farben

# STICKKORB

## Stickerei Margeriten

Auf die rechte Stoffseite die Linien für die Stängel aufzeichnen.
Mit Perlgarn Nr. 5 in 2 verschiedenen Farben im doppelten **Stielstich** arbeiten. Mit 2 Seidenbändern 7 mm in verschiedenen Farben an jede Blüte im doppelten **Bändchenstich** 4 oder 5 Blütenblätter sticken.
Am Ursprung jedes Blütenblatts mit 2 Fäden Moulinegarn in verschiedenen Farben ein paar **Geradstiche** arbeiten.
Oberhalb der Blütenblätter mit Perlgarn Nr. 5 (2 Durchläufe) ein paar **Knötchenstiche** setzen.
An den Stängeln entlang mit Seidenband 7 mm im **Bändchenstich** ein paar Blätter verteilen.
Am Ursprung jedes dieser Blätter mit Perlgarn Nr. 8 einen kleinen **Geradstich** sticken.
Ähnlich wie auf der Zeichnung am Hauptstängel entlang mit dem Seidenband 4 mm **Knötchenstiche** (1 Durchlauf) arbeiten.
Zum Schluss mit Perlgarn Nr. 8 im **Grätenstich** die Zweige aufsticken. In die Vertiefung einiger Gräten zusätzlich mit 1 Faden Moulinegarn 4 **Spannstiche** setzen.

Sticksticke 100 %

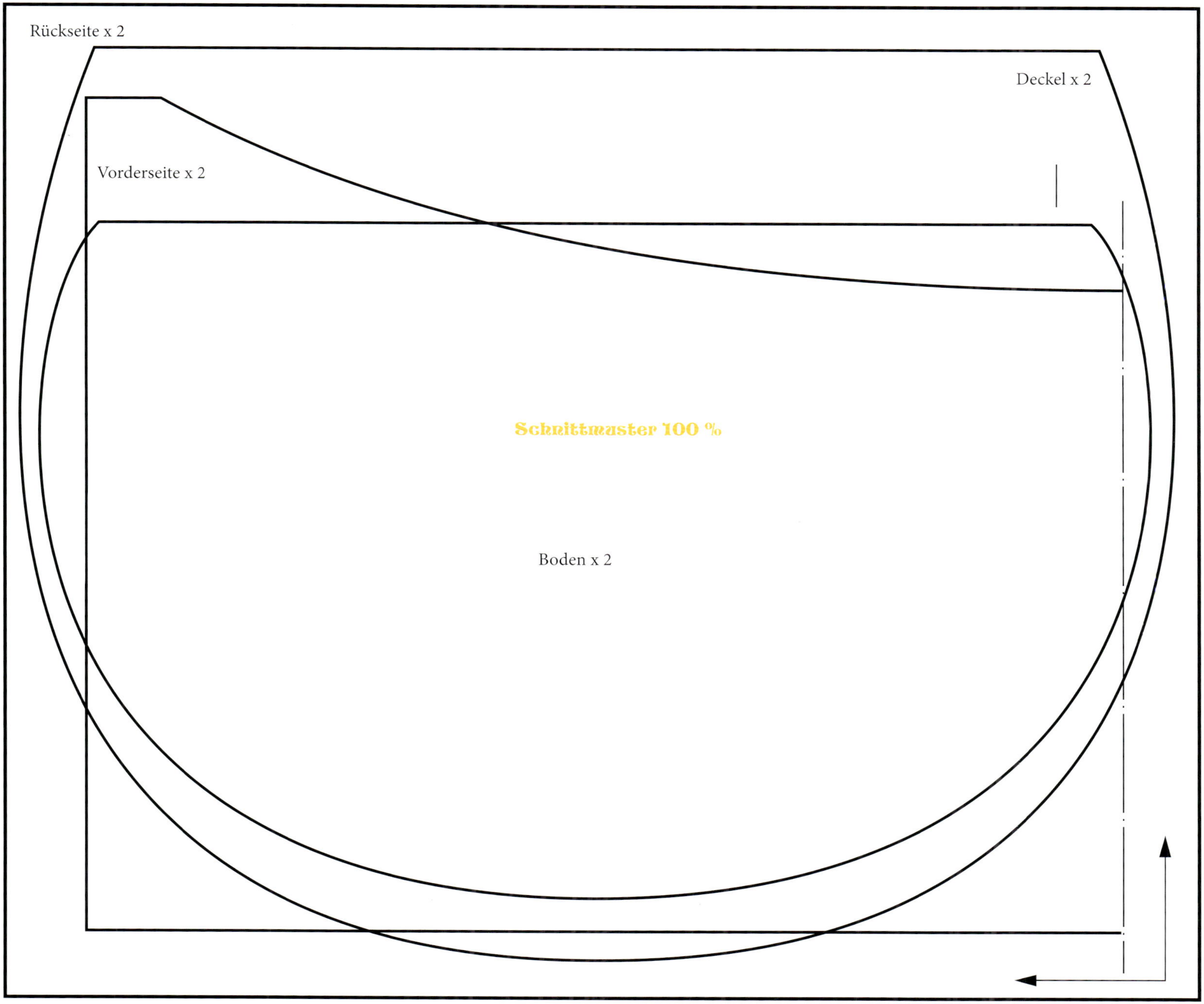
Rückseite x 2
Deckel x 2
Vorderseite x 2
Schnittmuster 100 %
Boden x 2

# MATERIAL

## KORB

Stoff (besticktes Teil Nr. 1): 24 x 19 cm

Stoff (Teil Nr. 2): 25 x 14 cm

Stoff (Teil Nr. 3): 11 x 29 cm

Stoff (Teil Nr. 4): 13 x 29 cm

Stoff (Rückseite): 32 x 40 cm

Stoff (Boden): 19 x 11 cm

Futter: 35 x 72 cm

Halbsteifer Molton: 34 x 72 cm

## TRAGEBAND

Stoff: 65 x 5 cm

Molton: 65 x 2 cm

## STICKEREI

Perlgarn Nr. 5 in 1 Farbe

Perlgarn Nr. 8 in 2 oder 3 Farben

Moulinegarn in 2 oder 3 Farben

Flache Baumwollschnur in 1 Farbe

Seidenband 4 mm in 2 Farben

5 kleine Kunstblumen

# Korb GYPSIE

## Stickerei Eleonora

Auf die rechte Stoffseite alle Äste aufzeichnen und mit Perlgarn Nr. 8 im **Stielstich** sticken.
Die kleinen Kunstblumen an den entsprechenden Stellen anordnen und mit einem kurzen Stück flacher Schnur befestigen, indem man 3 **Knötchenstiche** (1 Durchlauf) in die Mitte jeder Blume setzt.
Oberhalb dieser **Knötchenstiche** abwechselnd mit 2 Farben Perlgarn Nr. 5 drei verschieden lange Staubgefäße aus 2 und 4 **Fliegenstichen** sticken.
Diese 3 Staubgefäße mit **Fliegenstichen** aus 2 Fäden Moulinegarn verlängern. Dabei den letzten Stich etwas länger arbeiten als die anderen.
Dem Modell folgend, mit Perlgarn Nr. 5 zusätzlich ein paar **Fliegenstiche** zwischen die ersten gestickten Staubgefäße setzen.
Die Blätter harmonisch entlang der Äste anordnen. Sie werden mit Seidenband 4 mm zwischen 2 oder 3 Farben abwechselnd im **Bändchenstich** gestickt.

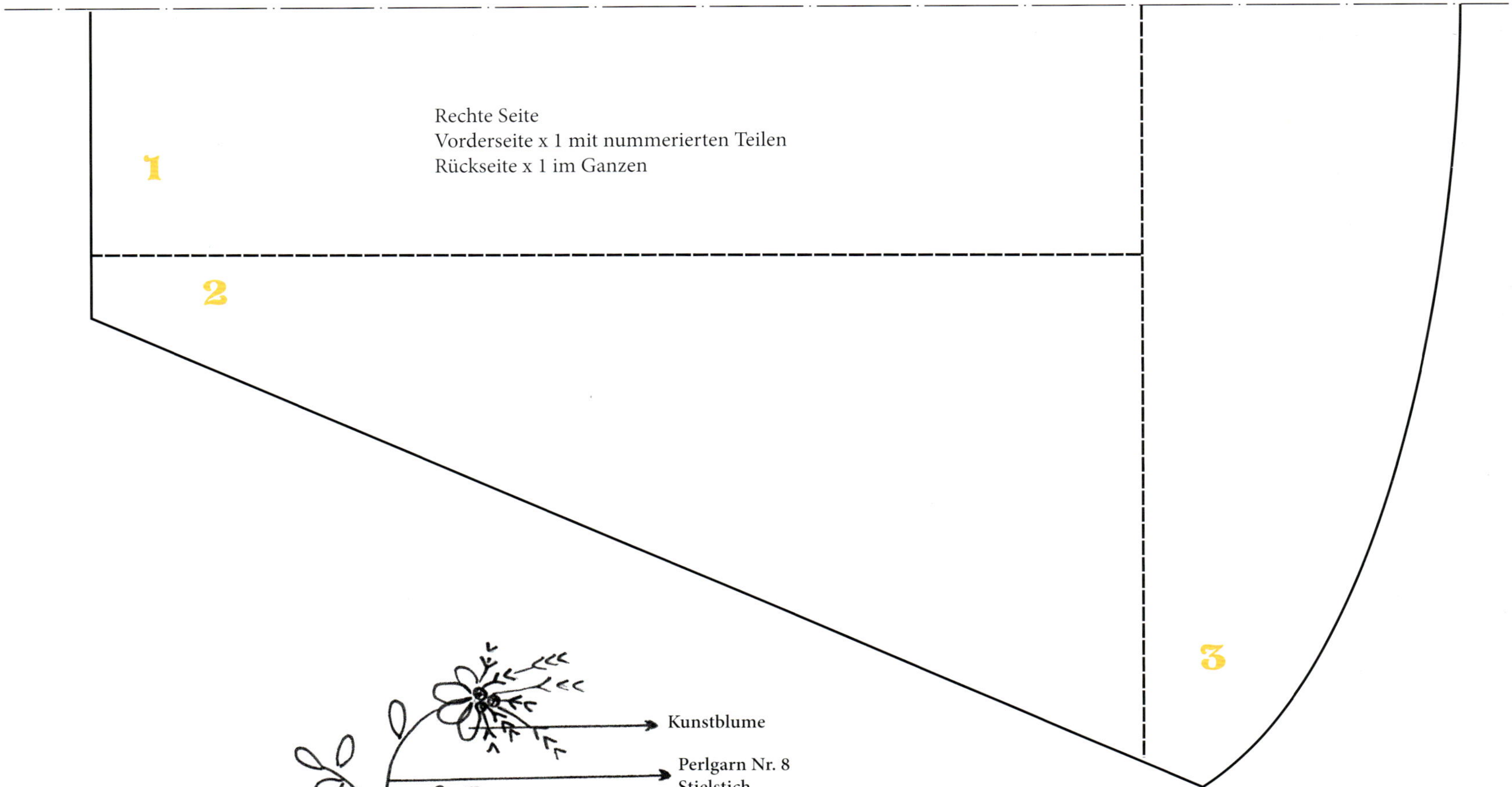


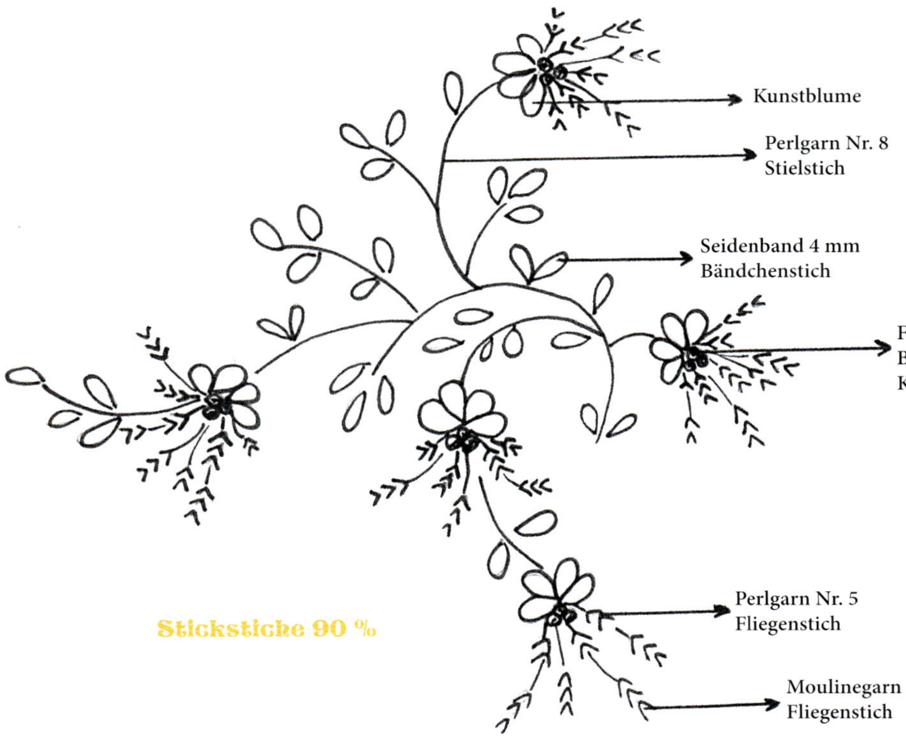


Stickstiche 90 %

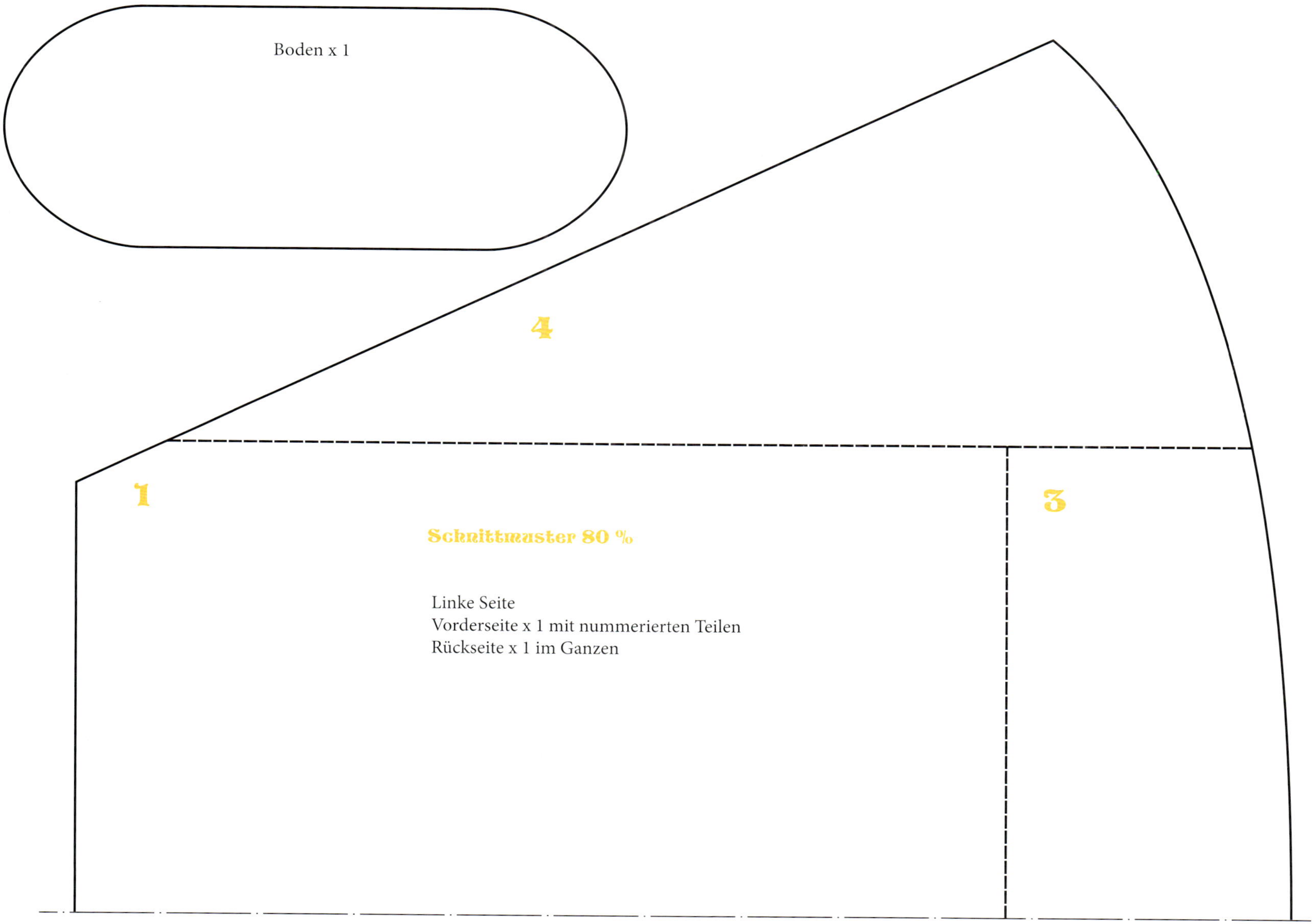
Boden x 1
4
1
3
Schnittmuster 80 %
Linke Seite
Vorderseite x 1 mit nummerierten Teilen
Rückseite x 1 im Ganzen

# MATERIAL

## TASCHE

Stoff (Hauptteil): 70 x 27 cm

Stoff (Seitenteile): 46 x 27 cm

Halbsteifer Molton (Hauptteil): 63 x 21 cm

Halbsteifer Molton (Seitenteile): 46 x 19 cm

Futter: 70 x 46 cm

Band 30 mm (Henkel): 2 x 45 cm

## HENKEL

Moltonstreifen 25 mm: 2 x 40 cm

Pomponborte: 2 x 15 cm

## STICKEREI

Bast in 2 Farben

Vliesband in 1 Farbe

Perlgarn Nr. 8 in 2 Farben

Perlgarn Nr. 5 in 2 Farben

Moulinegarn in 1 oder 2 Farben

Stickwolle Colbert oder Medici in 1 Farbe

Seidenband 4 mm in 1 oder 2 Farben

Filz: 1 Rechteck, 4 x 5 cm

Tüll: 1 Rechteck, 10 x 6 cm

# HANDARBEITSBEUTEL

## Stickerei Bohemia

Die Stängel aufzeichnen. Mit Wolle und Perlgarn Nr. 5 im **Palästrinastich** sticken.

Der Zeichnung folgend, 6 bis 8 Striche rund 4 mm von den Stängelenden entfernt aufzeichnen. Mit Perlgarn Nr. 8 im **Spannstich** sticken.

Mit Vliesband im Halbkreis rund 2 mm oberhalb der **Spannstiche** eine Anzahl **Bändchenstiche** sticken. Anschließend mit einem kurzen Stück Bast weitere **Spannstiche** dazwischen verteilen.
Mit 2 Fäden Moulinegarn 1 oder 2 **Geradstiche** unterhalb jedes Blütenblatts setzen.

Mit Seidenband 4 mm ein paar **Rosenstiche** unter die **Bändchenstiche** und zwischen die Spannstiche sticken.

Unter die **Spannstiche** mit Perlgarn Nr. 5 als Verbindung der Blüte zum Stängel ein paar **Fliegenstiche** sticken.

Anhand der Zeichnung die großen Blätter auf den Tüll und die kleinen auf den Filz aufzeichnen. An den Linien entlang ausschneiden.
Die großen Blätter am Ursprung und in der Mitte falten und mit einem kleinen Stich aus farblich zum Tüll passendem Nähgarn an den Stängeln entlang befestigen.
Das kleine Blatt aus Filz unter den Tüll schieben und das Ganze mit **Geradstichen** und/oder **Spannstichen** aus 2 Fäden Moulinegarn befestigen.

## Sticksticke 100 %

Schnittmuster 100 %
Seitenteil x 2
Für das Hauptteil: Rechteck 21 x 63 cm

# MATERIAL

## TÄSCHCHEN

Stoff (besticktes Teil Nr. 1): 15 x 19 cm

Stoff (Teile Nr. 2 und 3):
2-mal 7 x 16 cm

Stoff (Teil Nr. 4): 24 x 8 cm

Stoff (Rückseite): 25 x 25 cm

Futter: 42 x 21 cm

Halbsteifer Molton: 40 x 20 cm

1 Stoffstreifen für das Plissé am oberen Täschchenrand: 20 x 12 cm

## STICKEREI

Perlgarn Nr. 5 in 4 Farben

Perlgarn Nr. 8 in 2 Farben

Moulinegarn in 2 Farben

Dekoband 7 mm in 1 Farbe

Organzaband 15 mm in 1 Farbe

1 rechteckiges Stück leichter Stoff:
7 x 5 cm

Nähgarne

1 künstl. Stängel oder Dekoschnur

Rocailleperlen

# RUNDES Täschchen

## Stickerei Izmir

Die 3 Blütenblätter aus der Zeichnung entnehmen und auf die rechte Stoffseite übertragen.
Mit Perlgarn Nr. 5 in **Geradstichen** sticken.
Wie auf der nächsten Seite zu sehen, den Stoffstreifen der Länge nach falten. An den freien Rändern der ganzen Länge nach 1 Kräuselfaden einziehen. Den Faden zum Kräuseln anziehen, dabei dem Stoff eine längliche, leicht gerundete Form geben, indem man die 2 Enden zusammenführt.
Mit einem Knoten fixieren.
Als Mitte der Blüte unterhalb der 3 Blütenblätter anordnen.
Aus dem Dekoband 7 mm 1 Rosette formen und aufnähen, so dass sie den unteren mittleren Teil der Stoffblüte verdeckt.
Die Dekoschnüre für die Stängel mit mehreren Gruppen aus 2 **Geradstichen** mit Perlgarn Nr. 8 befestigen.
Das Organzaband 15 mm harmonisch anordnen; mit Perlgarn Nr. 8 im **Grätenstich** feststicken.
Mit 1 Faden Moulinegarn einen weiteren, etwas längeren und leicht nach oben versetzten **Grätenstich** sticken.
Mit 1 Faden Moulinegarn in einer anderen Farbe in die Vertiefung des ersten **Grätenstichs** mehrere verschieden große **Spannstiche** setzen.
Am unteren Ende des Stängels und auf das Organzaband mit Perlgarn Nr. 5 mehrere **Knötchenstiche** sticken.
Zum Schluss mit 2 Fäden Moulinegarn 5 oder 6 verschieden große **Spannstiche** zwischen die 2 Blütenblätter sticken, dann an jedes Ende eine Rocailleperle setzen.

## DIE PLISSÉS FÜR DIE MITTE DER BLÜTE „IZMIR“

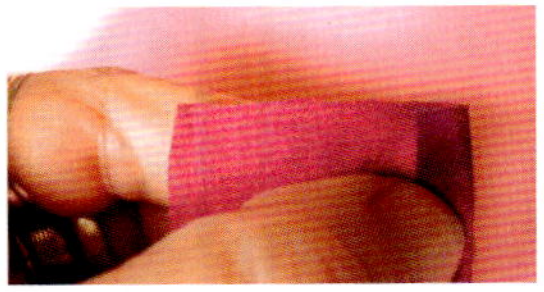

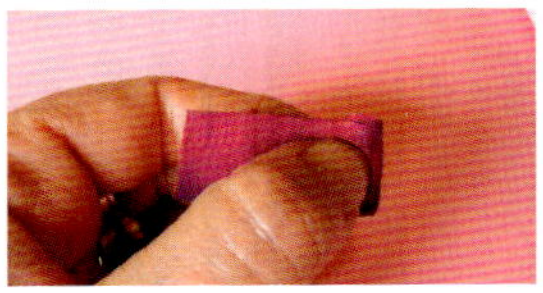

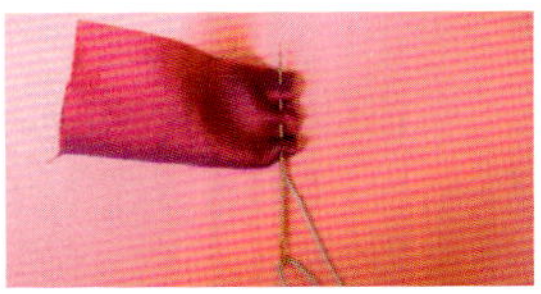

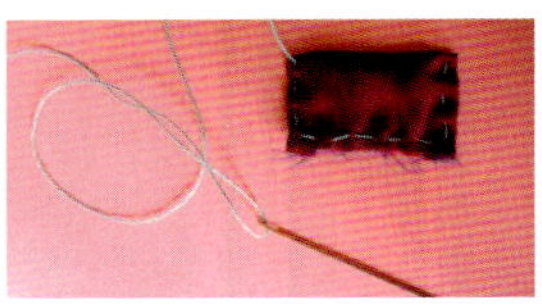

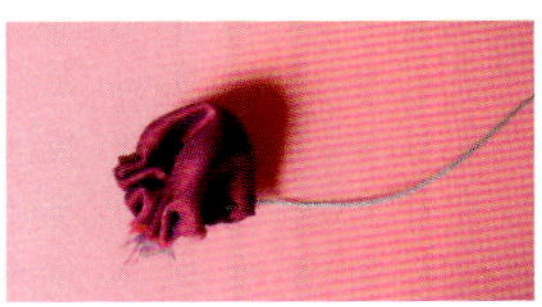

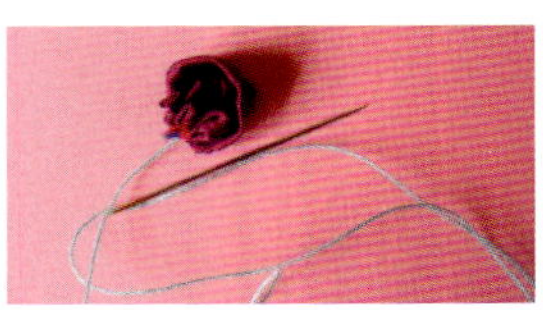

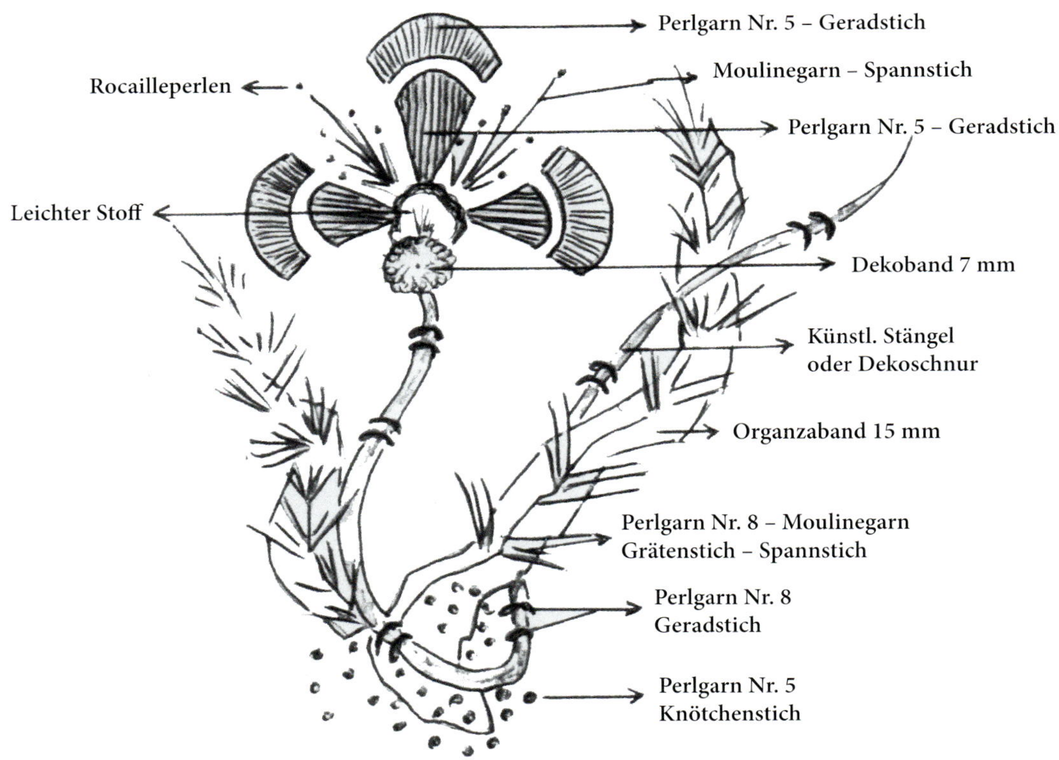


Stickstiche 100 %

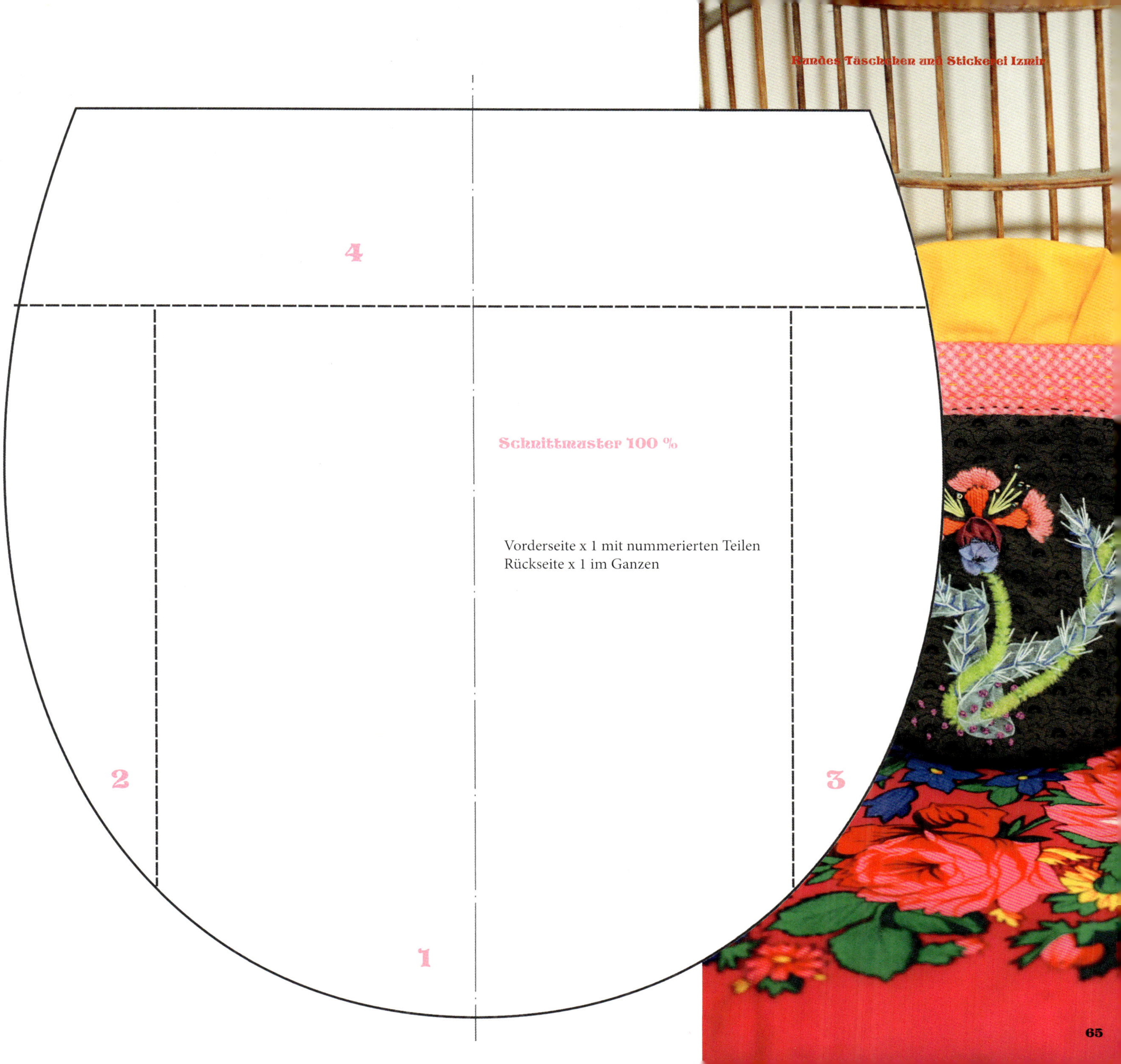


**Schnittmuster 100 %**

Vorderseite x 1 mit nummerierten Teilen
Rückseite x 1 im Ganzen

## MATERIAL

1 Quadrat beklebter Stoff mit Rückseite aus leichtem Leinen

Seidenband 7 mm in 2 Farben

Seidenband 4 mm in 1 Farbe

Stickwolle „Laine Saint-Pierre“ in 1 Farbe

Moulinegarn in 1 Farbe

Dekoband 7 mm in 1 Farbe

Perlgarn Nr. 8 in 1 Farbe

Tüllband in 1 Farbe

Filz: 1 Quadrat, 5 x 5 cm

Nähgarn in der gleichen Farbe wie der Filz

Rocailleperlen

# STICKEREI KARPATEN-Glockenblume

## Ausführung

Mit Hilfe des Schnittmusters den Blütenkelch aus dem Filz ausschneiden. Auf der rechten Stoffseite an der richtigen Stelle anbringen und mit kleinen Blindstichen aus Nähgarn in der gleichen Farbe wie der Filz befestigen. Anhand der Zeichnung die Form oberhalb des Blütenkelchs skizzieren. Mit Rocailleperlen ausfüllen, dabei am Rand beginnen, dann schön dicht die ganze Mitte besetzen. Man kann sie auch etwas übereinandernähen.
Oberhalb der Rocailleperlen mit dem Seidenband 4 mm 5 oder 6 **Knötchenstiche** (1 Durchlauf) sticken. Darüber mit Seidenband 7 mm in einer anderen Farbe 3 **Knötchenstiche** arbeiten, darauf 2 oder 3 **Geradstiche**. Zwischen den 3 Stichen aus Seidenband 2-mal 3 **Stempelstiche** mit 2 Fäden Moulinegarn sticken.
Mit Nähgarn in passender Farbe das Tüllband durch 1 kleinen Stich ganz oben links am Blütenkelch befestigen. Anschließend an einem der Tüllbandränder 2 oder 3 kleine **Geradstiche** sticken, das Band kräuseln und mit einem kleinen Rückstich befestigen, auf die gleiche Weise bis unten am Blütenkelch fortfahren. Um das Tüllband zu befestigen, zieht man es mit einer Nadel mit breitem Öhr auf die Rückseite der Arbeit und knüpft mit dem Nähgarn einen Knoten.

Den Stängel aufzeichnen und mit doppelt eingefädeltem Perlgarn Nr. 5 in langen **Geradstichen** mit 2 bis 3 mm Abstand dazwischen sticken. Oben am rechten Rand des perlenbesetzten Teils 1 cm Dekoband auf die linke Stoffseite ziehen und dort mit Nähgarn in zum Band passender Farbe mit einem Knoten befestigen. Das Nähgarn wieder auf die rechte Seite ziehen und am Rand des Bands 2 oder 3 kleine **Geradstiche** sticken, kräuseln und mit 1 kleinen **Rückstich** befestigen.
Auf die gleiche Weise bis oben am Blütenkelch aus Filz fortfahren. Anschließend das Dekoband bis unten am Kelch aus Filz befestigen, ohne es zu kräuseln.
Das Dekoband in eine dicke Tapisserienadel einfädeln und über und unter den **Geradstichen** durchziehen.
Unten am Stängel wieder einige Zentimeter durch die Geradstiche nach oben arbeiten (dabei die Richtung des Bandes ändern) und mit einem nach links gerichteten **Bändchenstich** beenden.
Mit dem Dekoband etwas weiter oben rechts vom Stängel ein kleines Blatt im **Bändchenstich** hinzufügen.
Zum Schluss mit Hilfe der Zeichnung mit 1 Faden Stickwolle „Laine Saint-Pierre“ noch ein paar Zweige im **Grätenstich** dazusticken.

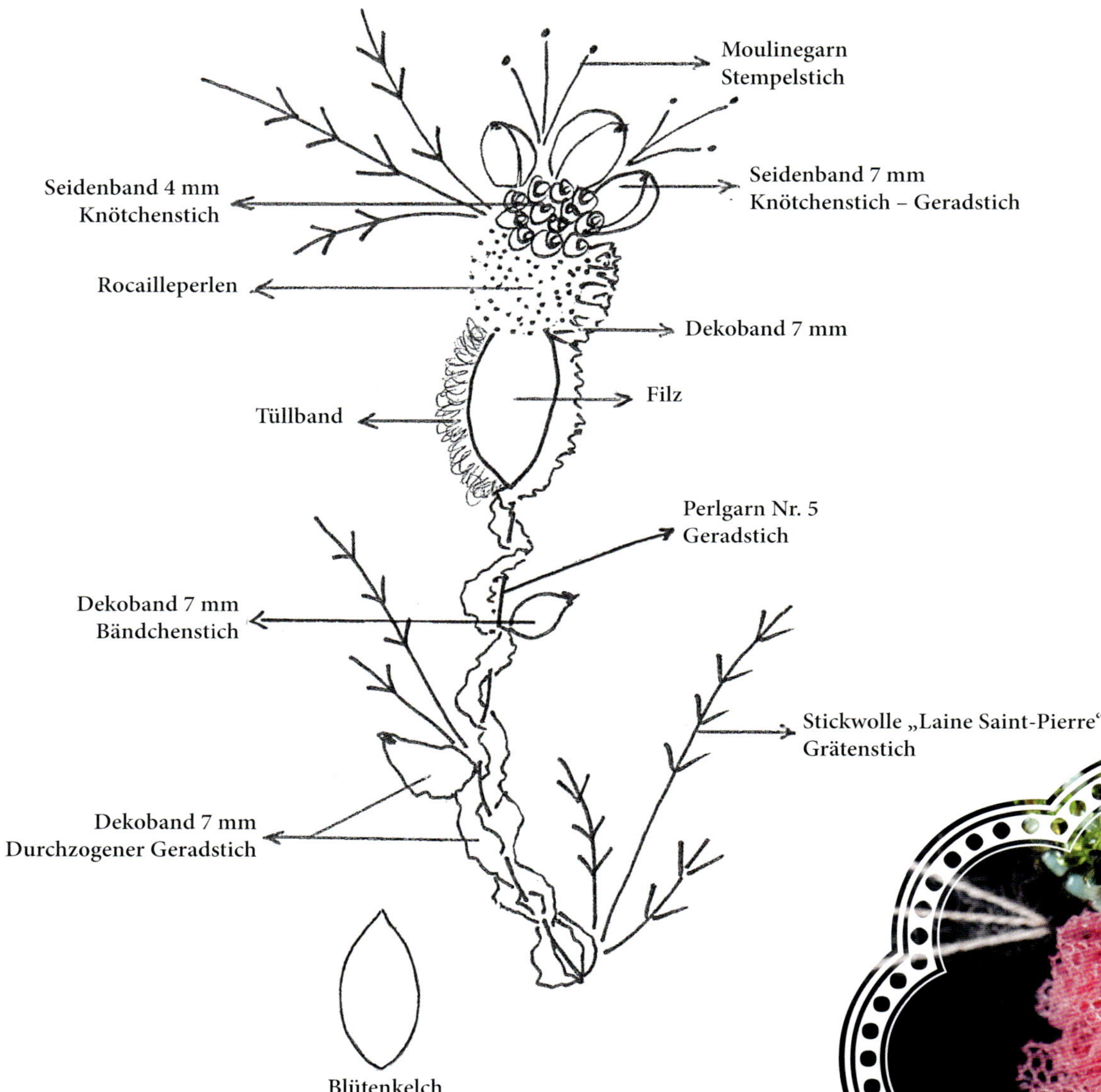


Stickstiche 100 %

## MATERIAL

### HERZ

Stoff (Vorder- und Rückseite):
2-mal 20 x 20 cm

Halbsteifer Molton (oder Watte):
16 x 16 cm

### STICKEREI

Perlgarn Nr. 8 in 6 Farben

Perlgarn Nr. 5 in 4 Farben

Moulinegarn in 2 Farben

Tüllband in 2 Farben

Bunte Spitze 20 mm: 25 cm

Seidenband 7 mm in 2 Farben

Seidenband 4 mm in 2 Farben

5 größere Rundperlen

Rocailleperlen

Optional: Polyesterband 14 mm
in 1 Farbe, gezwirnt

# VALENTINSHERZ

## Ausführung

Mit Hilfe der Vorlage auf der nächsten Seite den Kreis für die Blüte auf die rechte Stoffseite aufzeichnen. Von der 20 mm breiten Spitze 25 cm auf der ganzen äußeren Linie platzieren. Zunächst mit Nähgarn in der gleichen Farbe fixieren.

Anschließend 2 oder 3 kleine **Geradstiche** sticken, kräuseln und mit 1 kleinen **Rückstich** befestigen. Auf die gleiche Weise fortfahren, bis die beiden Enden der Spitze zusammentreffen, wenn nötig die überstehende Spitze abschneiden. Die beiden Enden mit kleinen Blindstichen zusammenfügen und vernähen.

2 Stücke Tüllband in verschiedenen Farben abschneiden, leicht versetzt nebeneinanderlegen. Mit Nähgarn in ähnlicher Farbe direkt unterhalb der Naht für die Spitze auf dem Stoff befestigen. Jeweils mit einem kleinen Stich festnähen und dabei leicht kräuseln. Auf die gleiche Weise fortfahren, bis die Runde beendet ist.

In die leer gebliebene Mitte der Blüte mit Perlgarn Nr. 5 **Knötchenstiche** setzen (2 oder 3 Durchläufe).

Die 3 größten Zweige aufzeichnen und mit Perlgarn Nr. 5 und/oder Nr. 8 im **Stielstich** und/oder **doppelten Stielstich** aufsticken. Am Ende des Zweigs ganz rechts mit Seidenband 4 mm eine Anzahl **Knötchenstiche** arbeiten (1 Durchlauf).

Der Zeichnung folgend, das kleine Blatt skizzieren und mit Perlgarn Nr. 5 oder Zwirn im **Fliegenstich** sticken.

Entsprechend der Zeichnung das Blatt am Ende des mittleren Stängels skizzieren und mit Perlgarn Nr. 5 in einer Farbe für die rechte Seite und einer anderen Farbe für die linke Seite im **Geradstich** aufsticken.

Oberhalb des Blatts mit Perlgarn Nr. 5 6 oder 7 verschieden große **Wickelstiche** sticken, die einander leicht überragen, dabei zwischen 2 Farben abwechseln, um einen schöneren Effekt zu erzielen.

Darüber die größeren Rundperlen befestigen, die je von einer Rocailleperle gehalten werden (siehe nächste Seite).

In der Mitte des Zweigs ganz links mit Seidenband 4 mm rund 10 Rosenstiche sticken.

Zu beiden Seiten der 3 Zweige ein paar kleine Blätter verteilen, die mit Seidenband 7 mm im **Bändchenstich** gestickt werden. Am Ursprung jedes Blatts kann man mit Perlgarn Nr. 8 noch einen kleinen **Geradstich** hinzufügen.

Zum Schluss die feineren Zweige mit 1 oder 2 Fäden Moulinegarn im **Grätenstich** aufsticken.

Anschließend nach Wahl:

1 Rocailleperle an die Enden setzen, in die Vertiefung der Gräten Spannstiche sticken und/oder mit 1 Faden Moulinegarn in anderer Farbe einen zweiten Grätenstich leicht versetzt über den ersten aus Perlgarn Nr. 8 arbeiten.

Optional: Man kann auch noch Blätter aus Polyesterband 14 mm hinzufügen, die im **Bändchenstich** gestickt werden.

## DAS BEFESTIGEN DER RUNDPERLEN

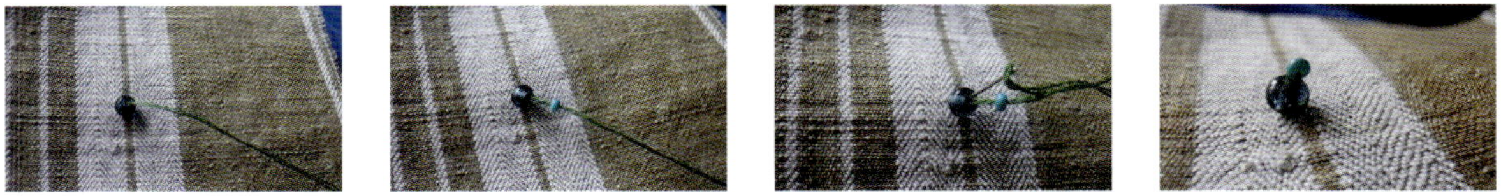

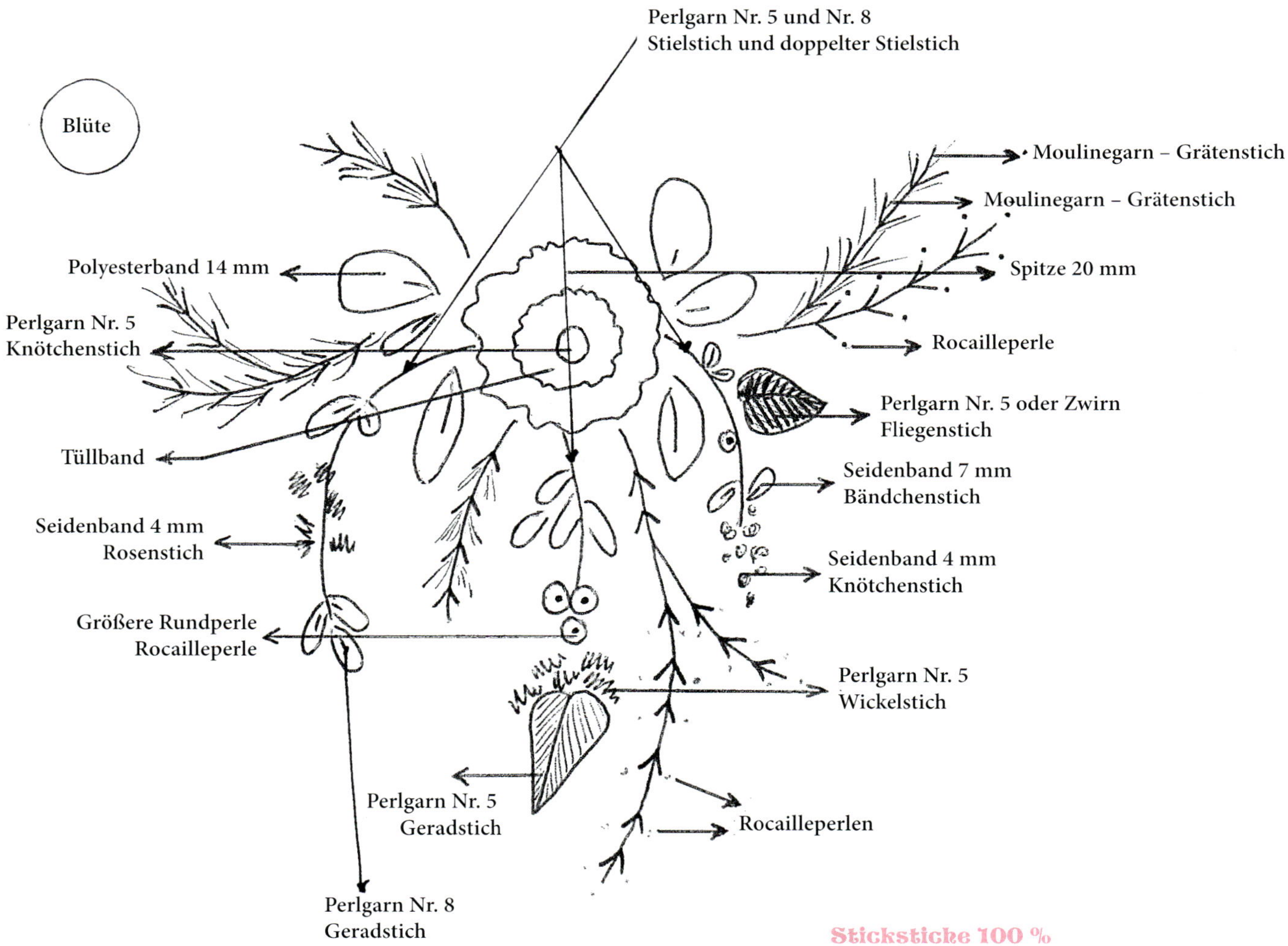


Stickstiche 100 %

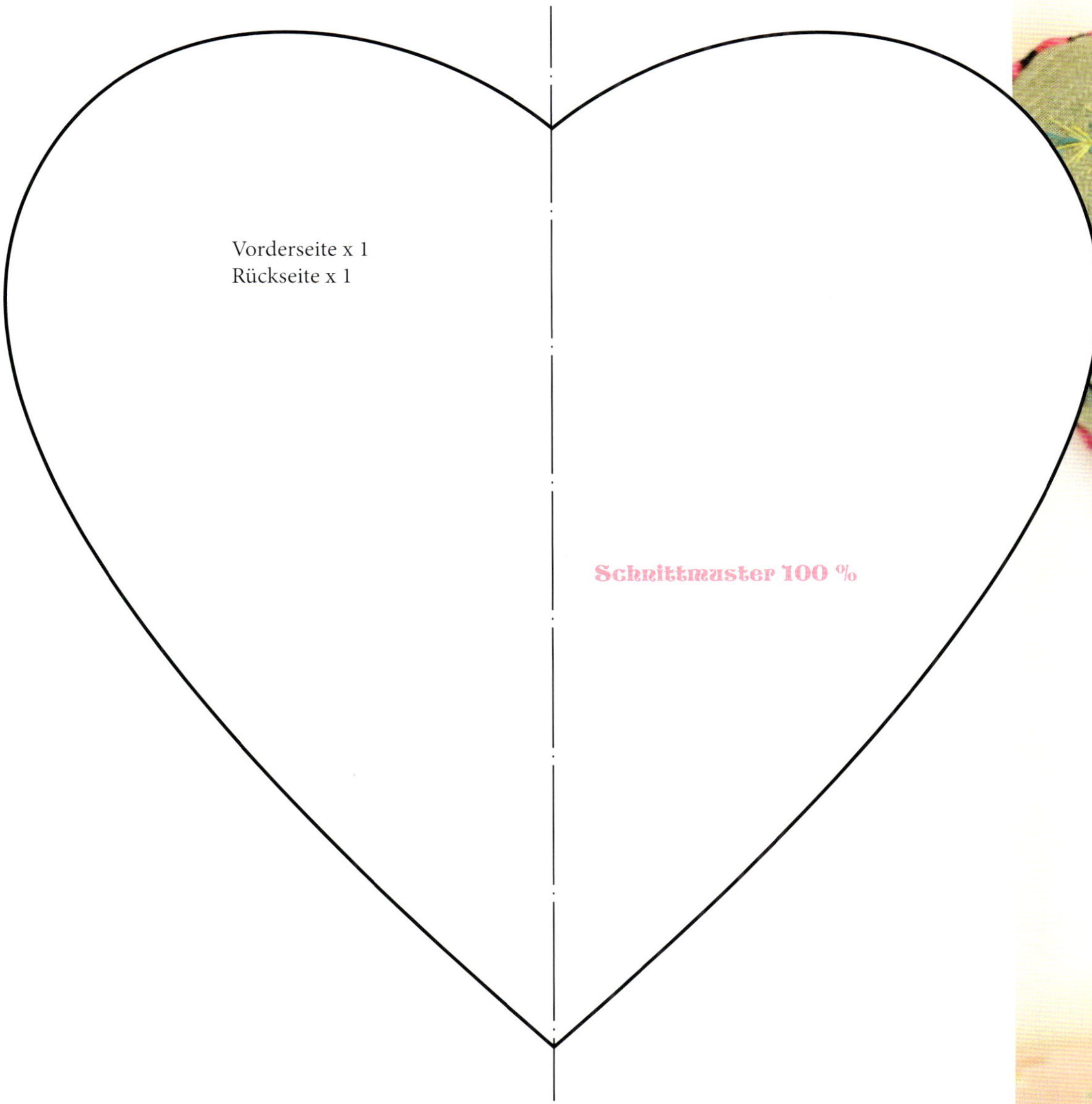
Vorderseite x 1
Rückseite x 1
Schnittmuster 100 %

# MATERIAL

## DUFTKISSEN

Stoff: 120 x 17 cm

Halbsteifer Molton: 100 x 14 cm

Minipomponband: 45 cm

Watte und nach Belieben getrocknete Blüten und Blätter von Lavendel, Eisenkraut, Zitronengras, Minze, Rosen …

## STICKEREI

Perlgarn Nr. 5 in 2 Farben

Perlgarn Nr. 8 in 7 Farben

Seidenband 7 mm in 2 Farben

Moulinegarn in 3 Farben

2 Pailletten zum Verzieren

Rocailleperlen

# DUFTKISSEN

## Stickerei India

Auf die rechte Stoffseite die Stellen für die 2 Blüten aufzeichnen und die 2 größten Ranken des Modells skizzieren.
Die 2 Ranken im doppelten **Stielstich** (eine Farbe Perlgarn Nr. 8 und eine Farbe Perlgarn Nr. 5) sticken.
Die Paillette anbringen und grob die Form des unteren Teils der Blüte skizzieren. Mit dem Seidenband 7 mm im **Bändchenstich** sticken. Dabei mit den Stichen direkt an der Paillette beginnen.

**Tipp**

Verwenden Sie für jede Garnfarbe eine eigene Sticknadel, das erleichtert die Arbeit.

Den oberen Teil der Blüte aufzeichnen. Mit dem Sticken des kleinsten Teils beginnen. Mit Perlgarn Nr. 5 **Geradstiche** arbeiten. Anschließend mit Perlgarn Nr. 8 im **Stielstich** den inneren Teil der Blüte sticken.
Den äußeren Teil der Blüte mit Perlgarn Nr. 8 im **Stempelstich** füllen.
Nach dem Beispiel des Fotos kleine Rocailleperlen aufnähen.
Mit Perlgarn Nr. 5 drei **Knötchenstiche** (2 Durchläufe) in die Mitte des Motivs zwischen die 2 größten Ranken setzen.
Die 2 kleinen Ranken aufzeichnen und mit Perlgarn Nr. 8 im **Stielstich** sticken.
Nach dem Beispiel des Fotos zum Schluss mit Perlgarn Nr. 8 ein paar Zweige im **Grätenstich** dazusticken.
Anschließend mit 1 Faden Moulinegarn in einer anderen Farbe in die Vertiefung der Gräten ein paar **Spannstiche** setzen.

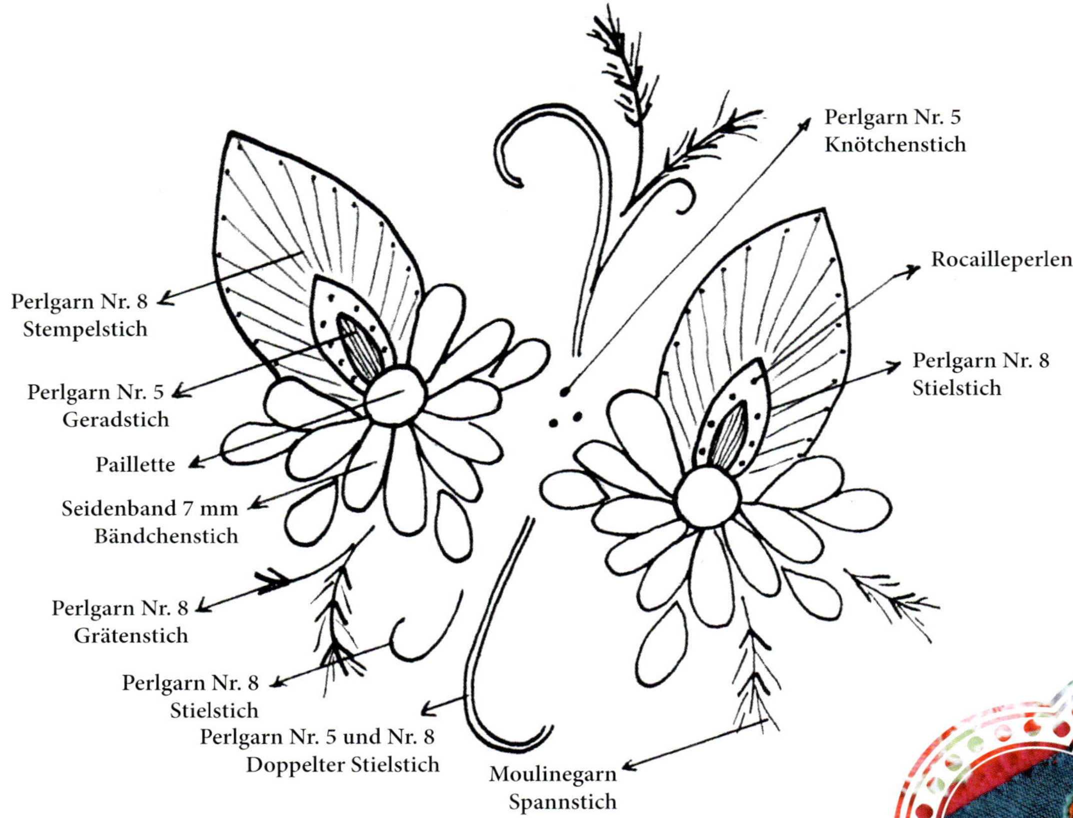


Sticksticke 100 %

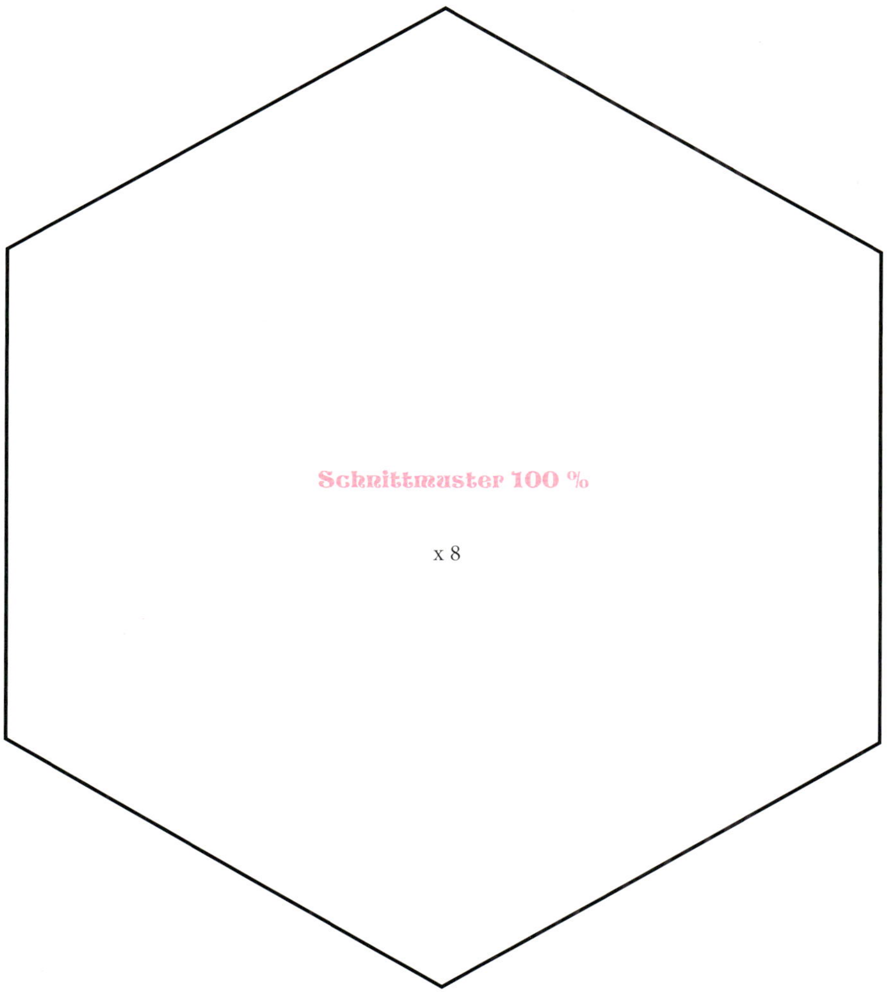
Schnittmuster 100 %
x 8

## MATERIAL

### ETUI OHNE UMSCHLAG

Stoff (Vorder- und Rückseite): 28 x 28 cm

Futter: 20 x 25 cm

Halbsteifer Molton: 20 x 25 cm

### STICKEREI

Stickwolle „Laine Saint-Pierre“ in 1 Farbe

Kunstseidenband 7 mm in 1 Farbe

1 Stoffrechteck, 6 x 12 cm

Perlgarn Nr. 5 in 1 Farbe

Perlgarn Nr. 8 in 1 Farbe

Drahtband 25 mm in 1 Farbe

Nähgarn in der gleichen Farbe wie das Drahtband

1 Dekowolle mit Minipompons

Rocailleperlen

# Etui OHNE UMSCHLAG

## Stickerei Eriwan

Den Stängel auf die rechte Stoffseite aufzeichnen.
Mit Hilfe der Vorlage auf der folgenden Seite den Blütenkelch wie auf Seite 80 angegeben arbeiten.
Am oberen Ende des Stängels anbringen und nur den oberen Teil befestigen.
An jeder Seite die Stellen für die Blütenblätter skizzieren.
Mit Kunstseidenband 7 mm und Nähgarn in zum Band passender Farbe 4 Stiche mit Band und Garn auf beiden Seiten des Blütenkelchs arbeiten.

**Tipp**

Bevor Sie einen „missglückten“ Stich auftrennen, versuchen Sie erst, ihn mit anderen Stichen und/oder Materialien zu verdecken.

Die Blütenmitte mit größeren Rundperlen füllen, die mit einer Rocailleperle befestigt werden (siehe Seite 72).
Mit Stickwolle „Laine Saint-Pierre“ 3 **türkische Stiche** über dem höchsten Punkt der perlenbesetzten Blütenmitte sticken. Die Stiche unter den ersten Perlen beginnen.
Mit doppelt eingefädeltem Perlgarn Nr. 5 dicht unter dem Blütenkelch beginnend den Stängel im **Federstich** sticken.
Mit Perlgarn Nr. 5 in anderer Farbe 1 großen Stielstich leicht versetzt dazusticken.
Die Dekowolle mit den Minipompons um den ersten Federstich ziehen. Am Anfang und Ende dieses Stichs zieht man die Dekowolle mit einer Nadel mit breitem Öhr (siehe Seite 22) auf die Rückseite der Arbeit.
Die 2 von der Blüte ausgehenden Ranken aufzeichnen und mit den Rocailleperlen besetzen.
Die Blätter wie auf der nächsten Seite beschrieben fertigen. Anschließend mittig unter den Stängel stecken. Mit Nähgarn in der gleichen Farbe wie das Band in kleinen Stichen festnähen.

## DER BLÜTENKELCH „ERIWAN“

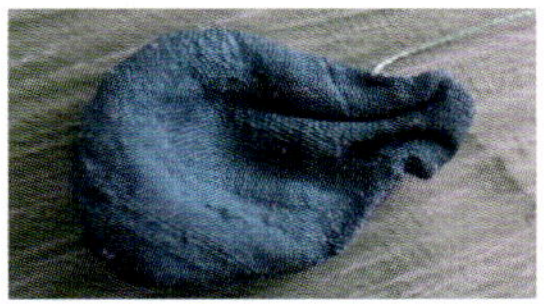

## DIE 2 BLÄTTER „ERIWAN“

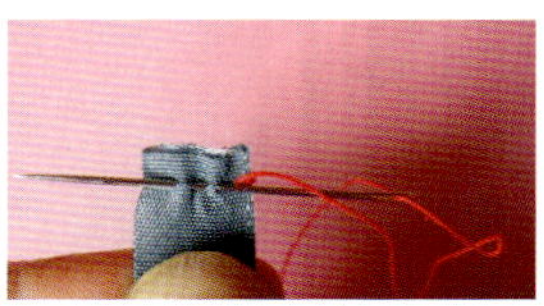

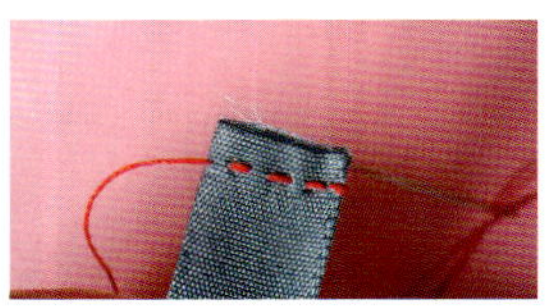

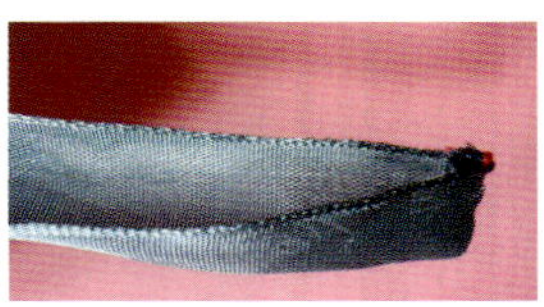

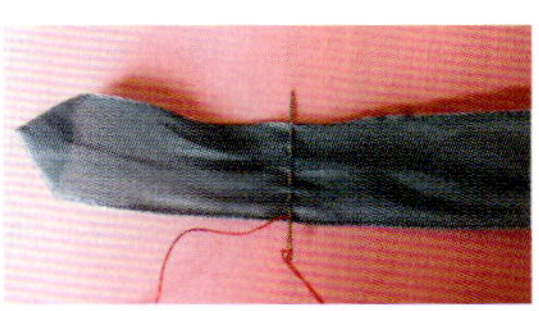

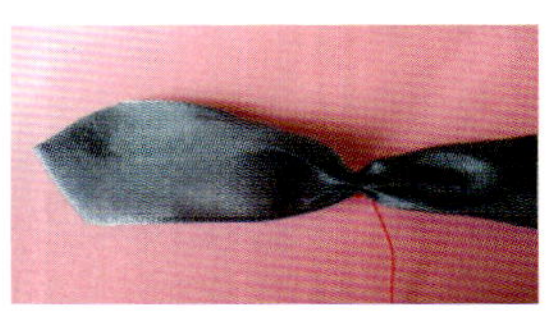

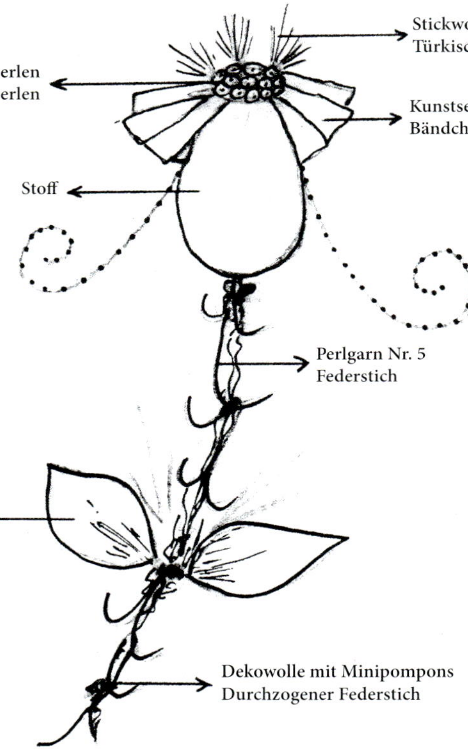

Sticksticke 80 %

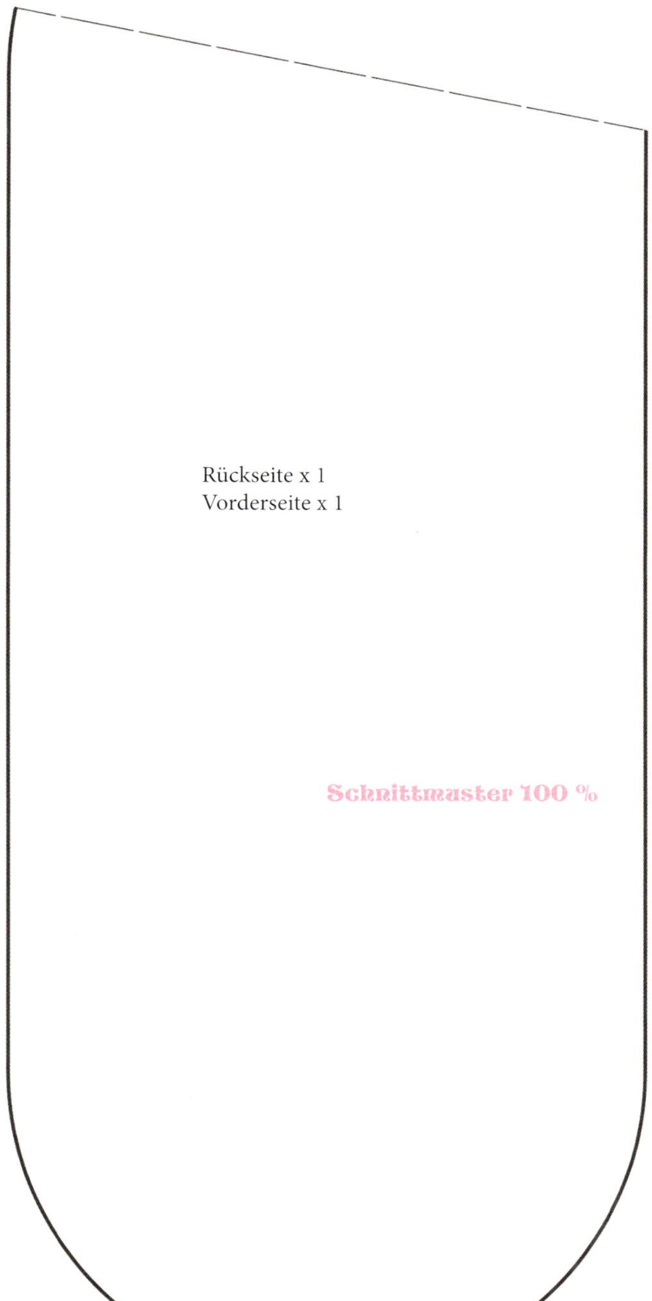
Rückseite x 1
Vorderseite x 1
Schnittmuster 100 %

## MATERIAL

### TALISMAN

Stoff (Vorder- und Rückseite): 2-mal 12 x 12 cm

Halbsteifer Molton: 9 x 9 cm

Dekoband 16 mm (zum Ziehen): 60 cm

### STICKEREI

Perlgarn Nr. 5 in 1 Farbe

Perlgarn Nr. 8 in 1 Farbe

Stickwolle „Laine Saint-Pierre“ in 1 Farbe

Moulinegarn in 1 Farbe

Dekoband 7 mm in 1 Farbe

Rocailleperlen

Optional: 1 Perlenanhänger (zum Aufnähen auf die Rückseite des Talismans)

# WOHNWAGEN-Talisman

## Stickerei Rita

An der Stelle für die Blütenmitte einen Kreis in der Größe eines Eincentstücks ziehen.
Mit Perlgarn Nr. 8 die 8 Speichen mit 8 **Geradstichen** sticken, die alle in der Mitte ansetzen. Den Faden auf der Rückseite der Arbeit befestigen.
Ohne das Perlgarn abzuschneiden, den Faden wieder auf die rechte Stoffseite ziehen, möglichst nah an der Mitte der Blume und zwischen 2 Speichen. Drei Viertel der Spinne mit dem Perlgarn im **Rückstich** aussticken. Anschließend den Faden auf der linken Stoffseite befestigen.

**Tipp**

Für die Rückstichspinne dreht man die Nadel um und sticht sie mit dem Öhr voraus ein.

Mit Stickwolle „Laine Saint-Pierre" den Rest der Spinne vollständig aussticken.
Mit Dekoband 7 mm unterhalb der Blumenmitte verschieden lange **Bändchenstiche** verteilen.
Oberhalb der Mitte ähnlich wie auf der Zeichnung mit 2 Fäden Moulinegarn 3 lange **Fliegenstiche** sticken. Anschließend zwischen diese Stiche mit dem gleichen Faden 1 und 2 kürzere **Fliegenstiche** setzen.
Mit 1 Faden Moulinegarn in einer anderen Farbe ähnlich wie auf der Zeichnung Gruppen aus 2 verschieden großen **Spannstichen** zwischen alle **Fliegenstiche** setzen.
Zum Schluss die Rocailleperlen aufnähen.

Schnittmuster und Skizze für die Stickerei Seiten 86-87.

# MATERIAL

## NADELKISSEN

Stoff (Vorder- und Rückseite):
2-mal 18 x 18 cm

Futter aus Stoff oder Filz:
2-mal 14 x 15 cm

Halbsteifer Molton: 2-mal 14 x 15 cm

Band 15 mm (extrastark): 2 m

Optional: Spitzenmotiv, Rocailleperlen

## STICKEREI

Perlgarn Nr. 5 in 1 Farbe

Perlgarn Nr. 8 in 1 Farbe

Tüllband in 1 oder 2 Farben

Seidenband 7 mm in 3 oder 4 Farben

Optional:
Stickwolle "Laine Saint-Pierre"

# Nadelkissen SECHSECK

## Stickerei Tüllblumen

Die Stängel auf die rechte Stoffseite aufzeichnen, anschließend mit Perlgarn Nr. 5 im **Stielstich** sticken.
Einen Teil der Stängel mit Perlgarn in einer anderen Farbe nochmals nachsticken.
Am oberen Ende der Stängel mit Seidenband 7 mm 6 oder 7 **Bändchenstiche** sticken.

Oberhalb dieser Blütenblätter mit dem Tüllband 3 oder 4 **türkische Stiche** sticken.
Optional: Man kann auch türkische Stiche aus Stickwolle „Laine Saint-Pierre“ dazusticken.
Zum Schluss die Blätter mit dem Seidenband 7 mm im **Margeritenstich** sticken.

**Tipp**

Denken Sie daran, eine Nadel mit sehr breitem Öhr zu verwenden, damit Sie die verschiedenen Materialien leicht durch die Stoffe ziehen können.

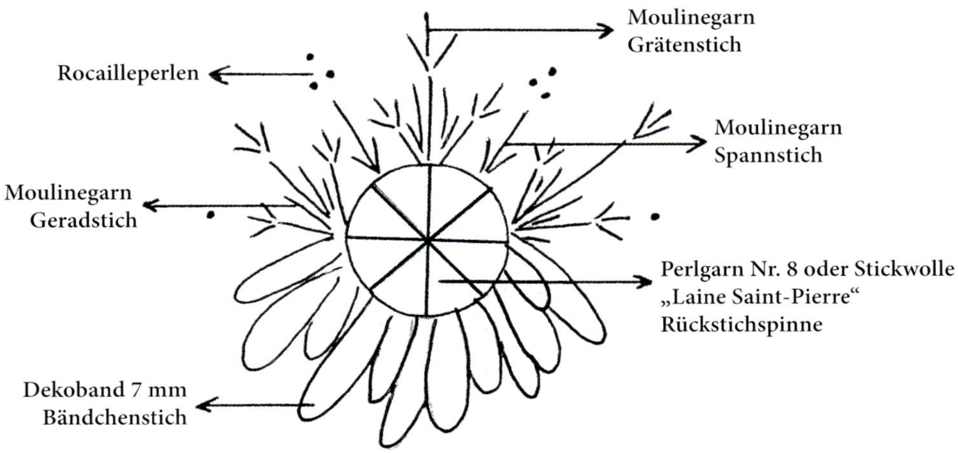


Stickstiche Rita 100 %

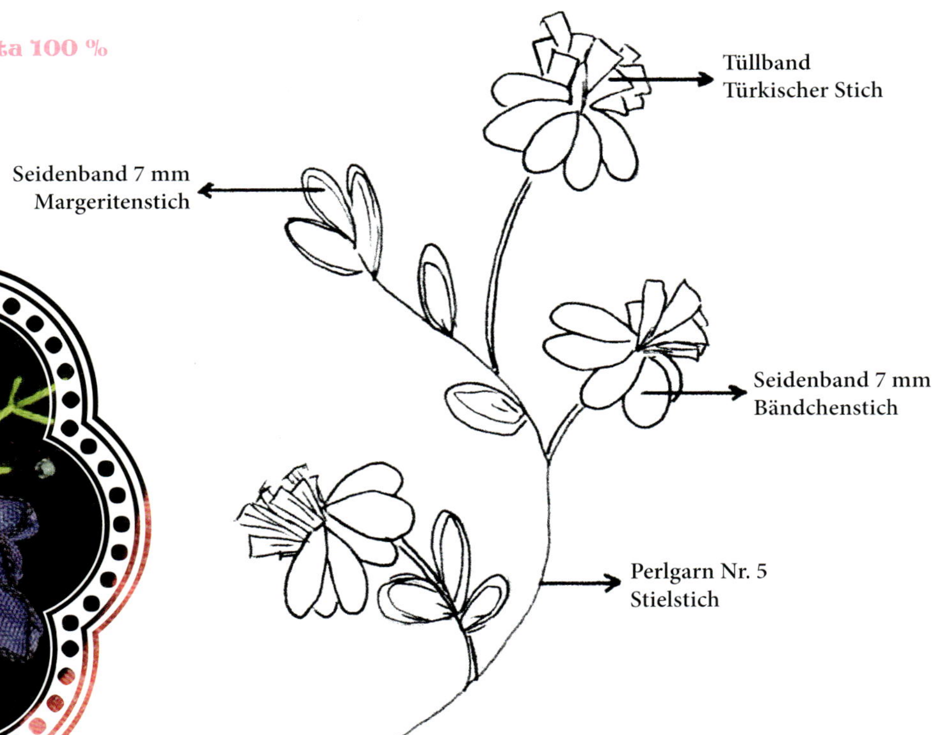

Stickstiche Tüllblume 100 %

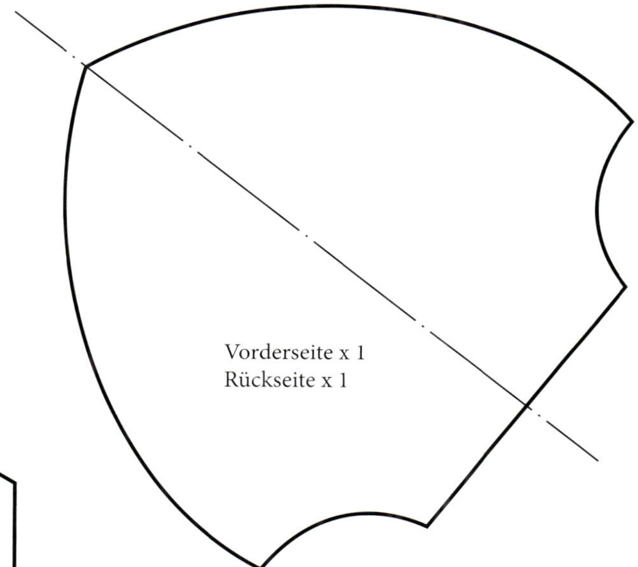


Schnittmuster Wohnwagen-Talisman 100 %

Schnittmuster Nadelkissen Sechseck 100 %

# MATERIAL

## NADELKISSEN

Stoff (Vorder- und Rückseite):
2-mal 25 x 30 cm

Futter: 2-mal 17 x 22 cm

Halbsteifer Molton: 2-mal 17 x 22 cm

Schimmerndes Organzaband
16 mm: 2 m

## STICKEREI

Moulinegarn in 2 Farben

Stickwolle „Laine Saint-Pierre“
in 1 Farbe

Glatter Velours: 1 Quadrat, 6 x 6 cm

Dekoband 5 mm: 15 cm

4 Pailletten

Kunstseidenband 4 mm in 1 Farbe

Perlgarn Nr. 8 in 1 Farbe

Rocailleperlen

Schimmerndes Organzaband 16 mm
in 1 Farbe

Flache Viskoseschnur in 1 Farbe

Optional: größere Rundperlen
und Rocailleperlen zur Verzierung
des Rautenrandes

# Nadelkissen RAUTE

## Stickerei Distelblüte

Für die Staubgefäße den Blütenstempel-Pompon aus der Stickwolle „Laine Saint-Pierre" fertigen, wie auf der nächsten Seite beschrieben.
Das Schnittmuster für den Blütenkelch (Seite 90) auf Zeichenkarton übertragen und an der Linie entlang ausschneiden. Etwas Kleber in der Mitte auftragen und auf die linke Seite des Veloursquadrats aufkleben (ein weißer Klebestift ist gut geeignet).
Den Velours ca. 8 mm vom Rand der Schablone entfernt ringsherum ausschneiden und 2 mm vom Rand des Zeichenkartons entfernt einen Kräuselfaden einziehen. Kräuseln und mit einem Knoten befestigen.

Die Stelle für die Blüte auf dem Stoff markieren, dann den Blütenstempel-Pompon auflegen und mit ein paar Stichen festnähen.
Den Blütenkelch an der richtigen Stelle positionieren (er muss die Basis des Pompons vollständig verdecken). Mit Blindstich ringsherum festnähen. Die Stiche dicht aneinandersetzen, damit die Form des Blütenkelchs aus Velours gut stabilisiert wird.
Von dem Dekoband 5 mm 3-mal 4,5 cm abschneiden und 3 Schlaufen bilden (dabei das Band falten wie auf der nächsten Seite angegeben).

Diese Schlaufen am Ursprung des Blütenkelchs anordnen und jeweils mit 1 Paillette und 3 Rocailleperlen befestigen. Ein Ende des schimmernden Organzabandes 16 mm unterhalb der Pailletten positionieren, anschließend in das Band einstechen und dieses mit Perlgarn Nr. 8 mit 1 kleinen **Geradstich** befestigen. Für den Stängel wie auf der nächsten Seite angegeben fortfahren.
Auf die gleiche Weise rings um die ganze Raute fortfahren. Wenn die Runde beendet ist, ein kurzes Stück Viskose-Dekoband abschneiden und daraus mit einer dicken, spitzen Nadel kleine Gruppen mit 2 oder 3 **Knötchenstichen** sticken (1 Durchlauf).
Nach Belieben noch ein paar größere Rundperlen oder Rocailleperlen zwischen die **Knötchenstiche** setzen.
Mit Kunstseidenband 4 mm eine Anzahl **Bändchenstiche** am Stängel entlangsticken. Am Ursprung jeweils mit Perlgarn Nr. 8 mit einem kleinen **Geradstich** fixieren.
Die Zweige zu beiden Seiten der Blüte aufzeichnen, anschließend mit 2 Fäden Moulinegarn im **Grätenstich** sticken. In die Vertiefung der Gräten mit 1 Faden Moulinegarn in einer anderen Farbe 2 oder 3 **Spannstiche** setzen.
Zum Schluss die Schlaufen des Pompons durchschneiden, so dass hübsche Staubgefäße entstehen.

## BLÜTENSTEMPEL-POMPON DER „DISTELBLÜTE“

Nehmen Sie einen 6 cm langen Streifen Zeichenkarton. Ziehen Sie die Knoten nicht zu fest, der Teil des Pompons, der unter dem Blütenkelch aus Velours zu liegen kommt, darf nicht gewölbt sein.

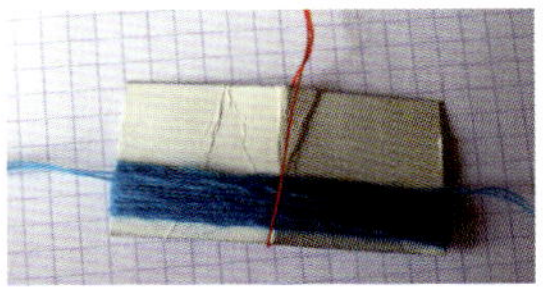

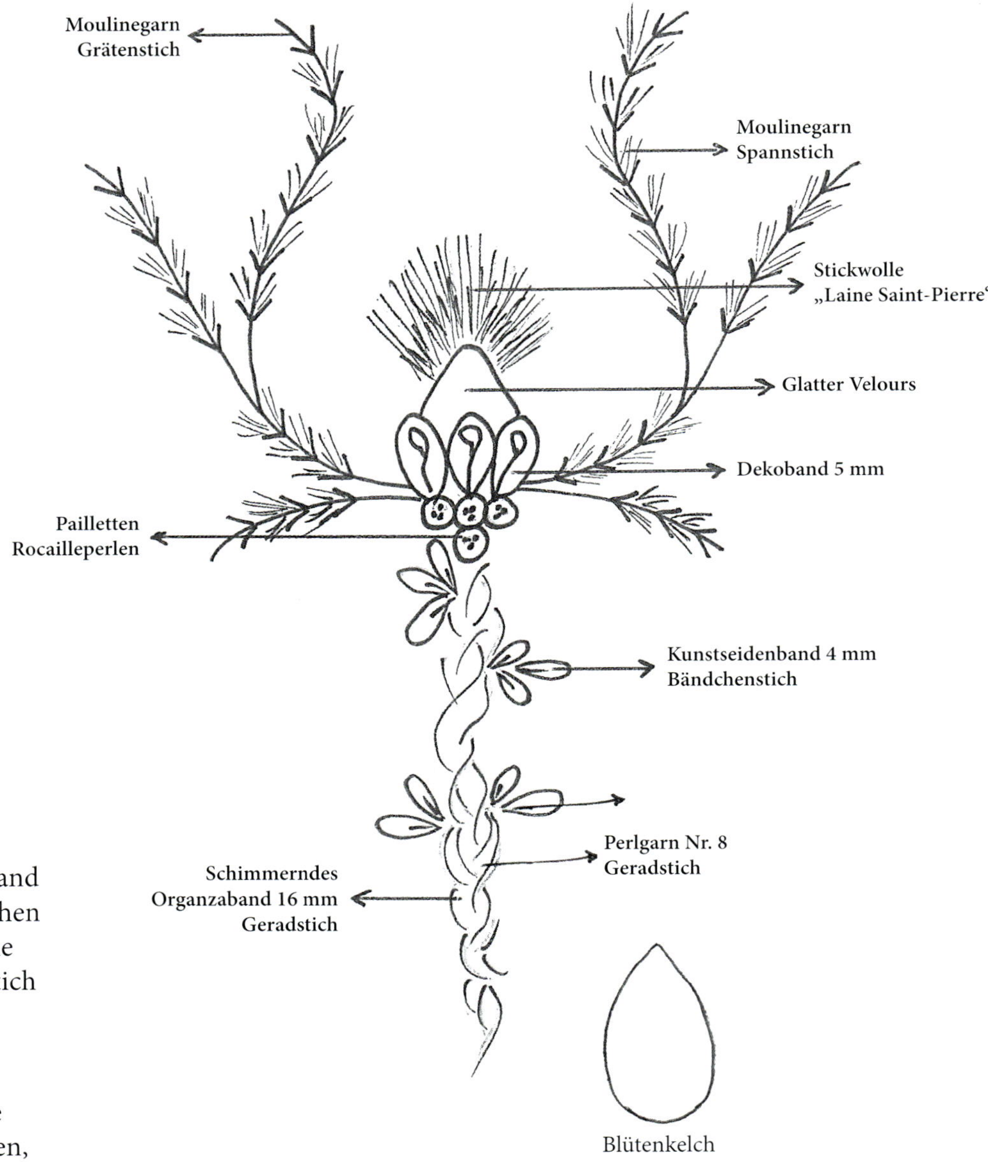


Stickstiche 90 %

## BLÜTENKELCH DER „DISTELBLÜTE“

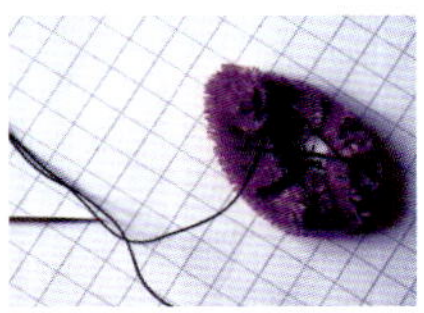

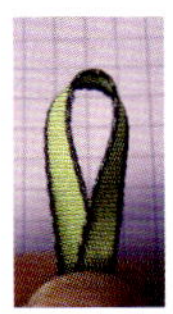

## STÄNGEL DER „DISTELBLÜTE“

Legen Sie das Organzaband unter die Pailletten, stechen Sie ein und befestigen Sie es mit 1 kleinen Geradstich mit Perlgarn Nr. 8.

Für den Stängel fahren Sie auf die gleiche Weise fort, indem Sie einstechen, kräuseln und das Band verdrehen. Befestigen Sie es alle 1 oder 1,5 cm mit 1 kleinen Geradstich.

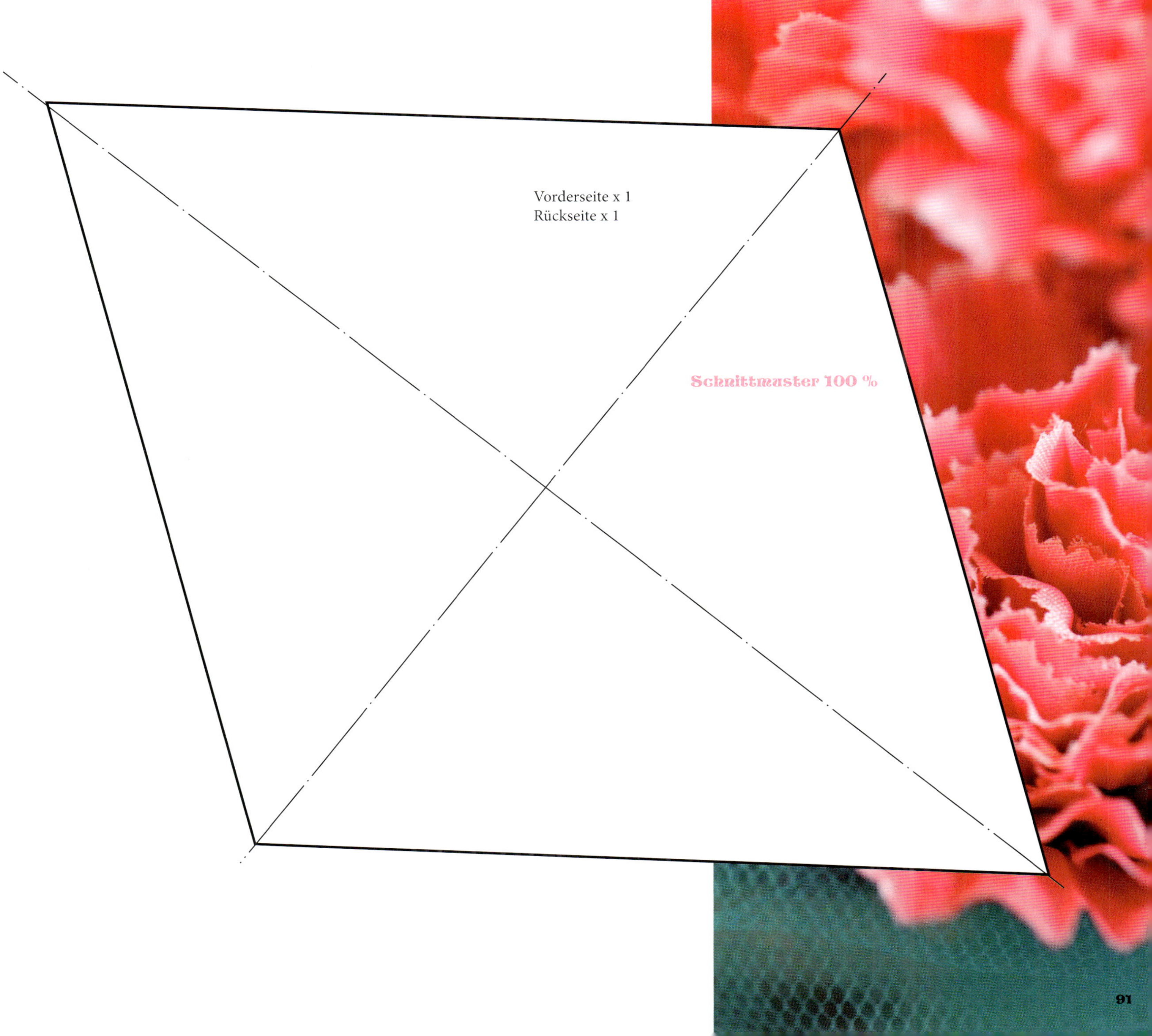
Vorderseite x 1
Rückseite x 1
Schnittmuster 100 %

# MATERIAL

## TÄSCHCHEN

Stoff (besticktes Teil Nr. 1):
19 x 27 cm

Stoff (Teile Nr. 2 und 3):
2-mal 9 x 27 cm

Stoff (Rückseite): 32 x 27 cm

Futter: 22 x 52 cm

Halbsteifer Molton: 28 x 23 m

1 Stoffstreifen 40 x 15 cm für
das Plissé an der Taschenoberkante

2 m Band 25 mm

## STICKEREI

Perlgarn Nr. 8 in 6 Farben

Perlgarn Nr. 5 in 4 Farben

Flache Baumwollschnur in
1 oder 2 Farben

Effektgarn in 1 Farbe

und Nähgarn in der gleichen Farbe

Tüllband in 1 oder 2 Farben

Moulinegarn in 2 Farben

Rocailleperlen

# Täschchen SARAH

## Stickerei Armenische Blume

Auf die rechte Stoffseite die Stängel aufzeichnen.
Mit Perlgarn Nr. 5 eine Mischung aus unregelmäßigen **Stielstichen**, **Geradstichen** und/oder **Federstichen** in verschiedenen Größen aufsticken.
Weiterhin mit Perlgarn Nr. 5, aber in einer anderen Farbe stellenweise zu den ersten Stichen noch einen zweiten dazusticken (optional: in die Vertiefung der Federstiche ein paar **Spannstiche** setzen).

Mit Hilfe der Zeichnung die Blätter skizzieren. Die äußeren Umrisse der Blätter mit 3 Fäden Moulinegarn (2 Fäden in einer Farbe und 1 Faden in einer anderen Farbe) im Stielstich sticken.

Die 2 inneren Linien mit 2 verschiedenen Farben Perlgarn Nr. 8 sticken.
Zum Schluss mit Perlgarn Nr. 8 im **Wickelstich** die 4 kleinen inneren Blattadern jedes Blattes arbeiten.

Ca. 2 cm vom Ende des Stängels entfernt mit Hilfe der Vorlage den oberen Teil der Blume aufzeichnen. Mit Perlgarn Nr. 5 die 5 vertikalen Spannstiche arbeiten und mit Perlgarn der gleichen Stärke die halbe **Rückstichspinne** sticken. Dabei 2 verschiedene Farben oder 2 Garne mit ähnlichen Nuancen verwenden.

Darunter mit Nähgarn 12 bis 15 cm Effektgarn mit **Überfangstichen** befestigen.

Anschließend an einer der 2 Seiten mit Nähgarn das Tüllband befestigen, kräuseln und dann mit einem kleinen Stich alle 1,5 cm am Stoff festnähen; am Ende angekommen auf die gleiche Weise in der anderen Richtung fortfahren.

Mit der flachen Baumwollschnur einige **Geradstiche** sticken. Dabei in der Mitte am oberen Ende des Stängels beginnen und bis unter das gekräuselte Tüllband fortfahren. Am Ursprung sollte die Form etwas schmaler sein, um einen Blütenkelch zu bilden; dabei kann man die Vorlage auf der nächsten Seite zu Hilfe nehmen. Die ersten Stiche fächerförmig sticken, dann übereinander und leicht überlappend (die Schnur nicht zu fest anziehen, damit eine gewisse Wölbung erhalten bleibt).

Mit Perlgarn Nr. 5 ein paar **Fliegenstiche** oder/und **Spannstiche** auf die Unterseite des Blütenkelchs über die Schnur sticken, um diese am Stängel zu befestigen (nicht zu fest an der Nadel ziehen, damit die Wölbung erhalten bleibt).
Rocailleperlen in das Innere des Blattes (siehe Zeichnung) sowie an jedes Ende der Speichen der Rückstichspinne nähen. Man kann stattdessen auch **Knötchenstiche** sticken.

Zum Schluss nach Belieben mit Perlgarn Nr. 5 oder Nr. 8 ein paar Zweige im **Grätenstich** dazusticken und an den Enden eines Teils der Gräten Rocailleperlen aufnähen oder in die Vertiefung der Gräten mit 1 oder 2 Fäden Moulinegarn **Spannstiche** setzen.

## FÄLTELN DES HENKELS FÜR DAS TÄSCHCHEN „SARAH“

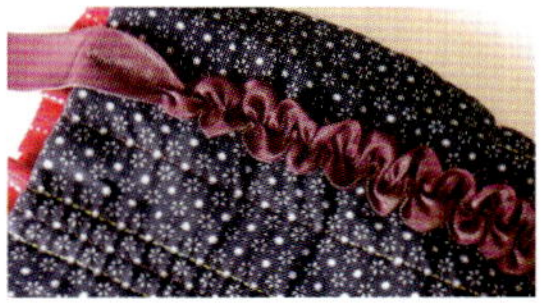

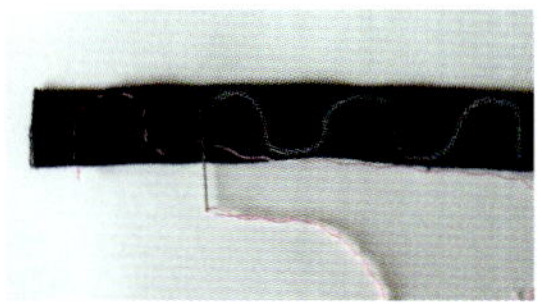

Blütenkelch

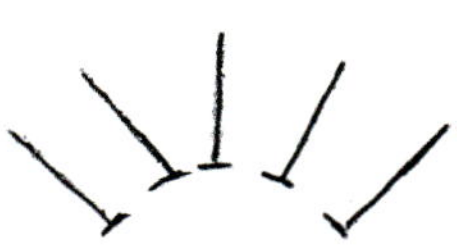

Oberseite der Blume

Stickstiche 80 %

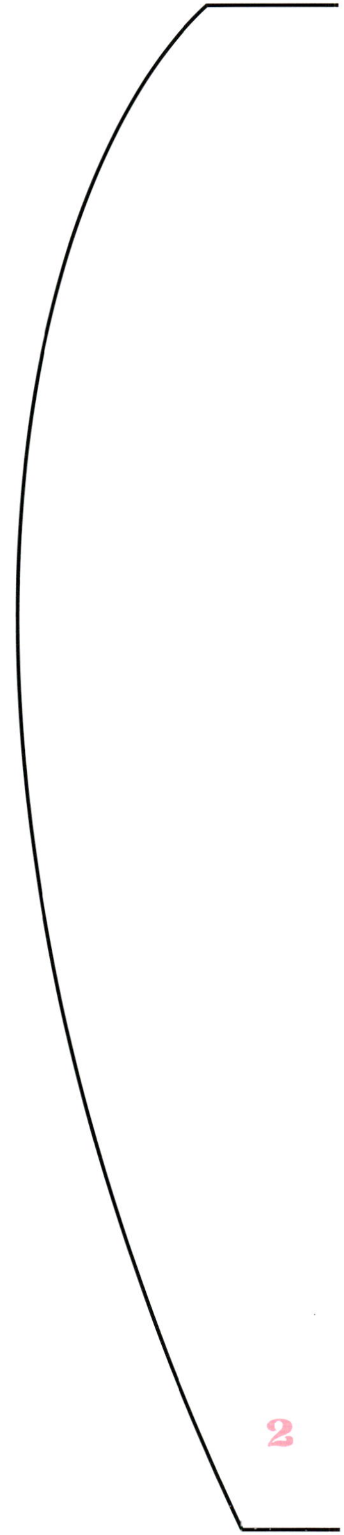

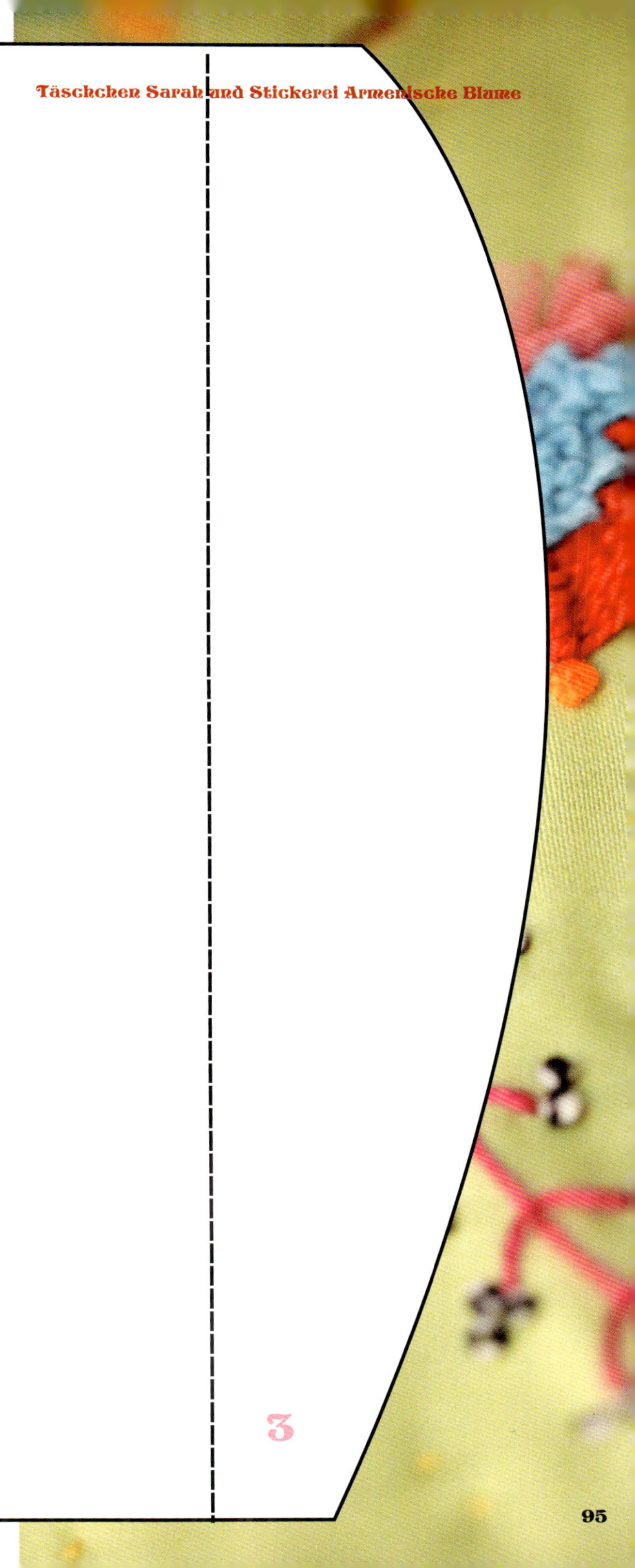

**Schnittmuster 100 %**

Vorderseite x 1 mit nummerierten Teilen
Rückseite x 1 im Ganzen

1

3

## NOCH EIN ODER ZWEI WORTE ZUM SCHLUSS …

Die Bohème-Stickereien passen zu einfachen Schnittmustern wie Quadraten, Kreisen, Rechtecken oder Ovalen, aus denen man leicht Kissen machen kann, Tischdeckchen oder Tischläufer, Stuhllehnenbezüge …
Mit ihnen kann man auch Taschen, Leinenbeutel oder Kleidung verschönern. Das Wichtigste dabei ist aber, dass Sie Ihre Fantasie schweifen lassen. Vertrauen Sie auf sich und Ihre Fähigkeiten!
So werden Sie sehr schöne Kompositionen erschaffen, die Ihnen und Ihren Lieben viel Freude bereiten.